**Introducing PuzzleWhiz: Your Weekly Brain Boost!**

Are you ready to supercharge your brain, sharpen your mind, and have a blast doing it? Welcome to **PuzzleWhiz**, your ultimate companion for weekly mental challenges that are as fun as they are brain-boosting! Designed to keep your mind sharp and entertained, PuzzleWhiz is the perfect way to unwind while giving your cognitive skills a serious workout.

**Why Choose PuzzleWhiz?**

- **Fresh Challenges Every Week:** Each issue of PuzzleWhiz Word Search is packed with a new set of thrilling puzzles, No two weeks are the same, keeping you on your toes with fresh challenges designed to engage and excite.

- **Scientifically Proven Brain Benefits:** Did you know that solving puzzles regularly can improve memory, enhance problem-solving skills, and even boost IQ? PuzzleWhiz offers a fun and engaging way to keep your brain active, with puzzles that are scientifically proven to benefit mental health.

- **Perfect for All Ages:** Whether you're 8 or 80, PuzzleWhiz is designed to challenge and delight every puzzle enthusiast. It's the perfect way to spend quality time with family or enjoy some well-deserved "me time."

- **Stay Ahead with Monthly and Yearly Subscriptions:** Don't miss a single issue! Subscribe monthly and get 4 exciting issues delivered straight to your door—or go all-in with our **Yearly Bundle** of 52 issues, including a special edition that you can't find anywhere else!

- **Exclusive Special Editions:** Our annual subscribers receive a **Special Edition** packed with bonus puzzles, expert tips, and exclusive content that takes your puzzle-solving skills to the next level. This edition alone is worth the price of admission!

**Your Subscription Options:**

1. **Weekly Thrills:** Grab your PuzzleWhiz every week and enjoy fresh, exciting puzzles that will keep your brain buzzing.

2. **Monthly Bundle of 4:** Save more and stay ahead of the game! Get a bundle of 4 issues delivered each month, ensuring you never miss a week of mental fun.

3. **Yearly Subscription with Special Edition:** The ultimate package for puzzle enthusiasts! Get 52 weeks of PuzzleWhiz plus a collectible special edition that celebrates the very best of brain challenges with exclusive puzzles, brain-boosting tips, and more.

**Don't Just Play—Train Your Brain with PuzzleWhiz!**

With PuzzleWhiz, every week is a new opportunity to challenge your mind, improve your cognitive skills, and have a blast doing it. Our puzzles aren't just games—they're brain workouts designed to keep you sharp, focused, and ready for anything life throws your way.

**Why PuzzleWhiz and What does it offer?**

PuzzleWhiz isn't just another puzzle book—it's your gateway to a world of endless mental challenges, creativity, and fun. Whether you're a seasoned puzzle solver or just looking for a way to keep your mind sharp, PuzzleWhiz is crafted to be the perfect companion for everyone.

Here's why PuzzleWhiz is the best choice: Puzzles are more than just a pastime; they are powerful tools that challenge and stimulate the human mind. From word games to number challenges, puzzles engage cognitive functions, enhance problem-solving skills, and boost mental agility. Research shows that engaging in puzzles can improve brain function, memory, and even delay cognitive decline, making them invaluable for people of all ages. Below, we explore a variety of puzzles and their specific benefits to the human mind and life.

---

**Word Search**

A word search is a puzzle that requires players to find hidden words in a grid of letters. Words can appear horizontally, vertically, or diagonally.

Word searches are simple, yet addictive. There's nothing quite like the thrill of spotting a tricky word hidden in plain sight! From quick 5-minute puzzles to deeper, more challenging hunts, this book will take you on a journey through themed words you'll love. Grab your favorite pen or pencil—let's get started!

**Importance:** Word searches improve pattern recognition, vocabulary, and spelling skills. They also enhance visual scanning and focus, which are critical skills in everyday tasks. Studies have shown that word search puzzles activate the brain's language and memory areas, contributing to cognitive resilience (Smith, 2020).

**Tips to Tackle Word Search Puzzles Like a Pro**

Here are some tried-and-true tips to help you master these puzzles:

1.  **Give the Grid a Quick Look:** Skim the puzzle first to see if any words jump out right away. It's a good way to get the momentum going.

2. **Start with Unique Letters:** Words with unusual letters—like X, Z, or Q—are easier to spot. Zero in on those first.

3. **Think in All Directions:** Words can run vertically, horizontally, diagonally, or even backward. Stay flexible!

4. **Mark as You Go:** Cross out words once you find them—it keeps things neat and avoids confusion.

5. **Use the Word List for Hints:** If you're stuck, go back to the word list to break it down. Look for starting letters or clusters.

6. **Take Breaks if Needed:** Don't get frustrated, sometimes stepping away and coming back with fresh eyes makes all the difference.

7. **Watch for Overlaps:** Keep an eye out, some puzzles are sneaky with words sharing letters!

**Why Word Search Puzzles Are Amazing for You**

Solving word searches isn't just fun, it's actually great for your brain and well-being!

- **Builds a Better Vocabulary:** You'll learn new words and strengthen your spelling without even realizing it.

- **Improves Focus and Attention:** Word searches train your brain to focus, ignore distractions, and stay on task.

- **Strengthens Pattern Recognition:** Spotting patterns in puzzles carries over to real-life problem-solving skills.

- **Relieves Stress:** There's something incredibly relaxing about getting lost in a good puzzle—it's like meditation!

- **Keeps Your Brain Sharp:** Word searches keep your mind active and may help prevent memory loss over time.

- **Encourages Quick Thinking:** The more puzzles you do, the faster your brain gets at finding solutions.

- **Brings People Together:** Whether you're competing or collaborating, solving puzzles with others makes for great bonding moments.

This book isn't just about finding words—it's about finding joy, challenge, and a sense of accomplishment. Each puzzle offers a mini-adventure, and with every word you find, you're training your brain to think sharper and faster. So what are you waiting for? Dive in, enjoy the hunt, and watch those words come alive!

Happy puzzling!

**Subscribe today and become part of the PuzzleWhiz community!** Weekly excitement, monthly bundles, and yearly specials await. Don't miss out—your brain will thank you!

**References**
- Smith, A. (2020). The Impact of Word Search Puzzles on Cognitive Function. *Memory and Language Journal*

# SUBSCRIBE

**PUZZLEWHIZ**

Name:

___________________________________________

Address:

___________________________________________

___________________________________________

Postcode: __________    Phone: _______________

Email: _______________

**Subscription**

Weekly ☐  Monthly ☐  Yearly ☐

**Please fill the form and send it by email to:**
**PuzzleWhizPub@gmail.com**

Payment Information will be sent to your email and phone.

# Puzzle # 1

```
J B E F R I E N D I N G E G Y K Y M E J H E O
O S M S U S T A I N I N G R C J M Q P M I C P
A R O U X U T R U X D G B A E A O R R E N N T
R I C W T S M E Y U M Z R R N V A F T P E A I
L F R I B D J Q T T D C S L A Y E U F D J S M
U S E W N V V H N P I O H E P D I S U Z G A I
F S V J Q W U F E Q A M D B F D I R R S Z E S
H Y O R E L B A I L E R R D G V A J Y E H L T
T O T R B W N G C H J T F O I K P G O M P P I
I F M I R U C L I G P M Q L F F N D G I L E C
A I I D V E T M F X G L A R E I T W K C T J H
F H J K O I T P O N R E F C K L N K X A V T C
V P Y Z Z G T Y R L H M Z U B G B U I D O G E
H A Q U N S R S P N E D L O B M E D G O D F S
T I P B A P P R E C I A T I N G E Q M A U D K
I W R I T E C M C F W E N L D M N S X D Y B G
F S N O I T C E N N O C F Q U M B B G H S D S
T E L B A F F A N D P R I D E R E S O L U T E
```

| | | |
|---|---|---|
| OVERCOME | RELIABLE | GLARE |
| UNIFORMITY | PLEASANCE | WRITE |
| SMOOTH | APPRECIATING | OPTIMISTIC |
| EMBOLDEN | PRIDE | NEW |
| PROFICIENT | PERSEVERE | SUSTAINING |
| CRACK | MEDIATE | BEFRIENDING |
| PRAY | FESTIVITY | CONNECTIONS |
| RESOLUTE | FAITHFUL | AFFABLE |

```
K S K F G Z P V W E O L O I K F U D E D L O D
Z H D Z S R X C P Z U G N I V R E S E R P U J
X Z D E O S S U G F J I L G R Y S R B N P Z O
H Z A S K L H G T O C S H E A C O O K I N G T
E K P S S E N I L D N I K M E P B P K L J F F F
U E N B F G U S I N C E R I T Y B W P Z E E G
R A S F B R Y Z M E R C I F U L T T L S M L N
G E Q S F A H M T I F Z X F R N F C I N T L I
S F P W E J B Z M F A D I E E O D A E L L O D
G H W E Z N Y C A O T S G P G M R V X V W W I
N R T M R A I D I N G A S N Z P I E T W J S U
I K M E T S Y P M S C X I U H L Q X R T R H G
T B G O L C O B P F L K P T R E P C R E J I M
E O R N E E G N R A C L M S O A A M I B N P C
E B E R W A V B A A H E Q E N X N L X X Z E I
R H Q V K C P A B B Z D K T J M Q C I B G O W
G E R O D A R C T U L A C O J L C S E N B P E
E L B I S N O P S E R E W N B U Q G H J G D W
```

| ELEVATE | GUIDING | LIVEN |
|---|---|---|
| ADORE | AIDING | NOTES |
| FELLOWSHIP | COOKING | MERCIFUL |
| RAPTURE | PERSONABLE | RENEW |
| ASSURANCE | PROSPER | HEALING |
| GREETINGS | PRAISE | SINCERITY |
| FRUITFUL | HAPPINESS | PRESERVING |
| KINDLINESS | BACKING | RESPONSIBLE |

# Puzzle # 3

```
T B G M D C Y T G H J K Z G Y B V V D X W Y V
N C J M L E D C Q N T F J N S D R X A O O A L
S G U I R Q W G U F I Y N I J K K I I R S T A
Y N W D C O E E A H V C I H J Y U G O J W N D
T I T E S W F E N I W R N C F V Y N I V I G I
U N N S B P P S G E E Q C A J L D I K H G E Y
A E F O O W E Y P Y R A L O D W E C V Q E Z L
I T I P J C Y L Z A R I U C L U S A V U N Y O
N R G M O C N A U X P N D N G U U R R K I L Q
T A H O I I N N E R A F I I X S C B E L U P E
X E T C U N K A L K G L N P S E O M F F S U P
Y H E E N L I V E N R U G Q C J F E L X J A O
S J R H E A L I N G E E N I A T T A E X C O W
R N C U L T I V A T E N J H J D W D C I I K E
Q S R O T A E R C U M C O D J N A U T C P Q R
N A Q Y K O R T G G E E U F W W B C F O H C L
P G M P J G R E J D N Z Z I N S P I R I N G B
Z J E R A P E R P R T K S I S W E E T N E S S
```

| GENIUS | ENLIVEN | ANALYSE |
| --- | --- | --- |
| SWEETNESS | HEALING | ATTAIN |
| INFLUENCE | COACHING | INSPIRING |
| COMPOSED | INCLUDING | CREATORS |
| REFLECT | AGREEMENT | DANCING |
| POWER | HEARTENING | EMBRACING |
| FOCUSED | CULTIVATE | INNER |
| FIGHTER | RENEWED | PREPARE |

# Puzzle # 4

| | | |
|---|---|---|
| GENIUS | THRILLING | TWINKLING |
| EUPHORIA | BLITHE | LAND |
| COURAGE | KINDLINESS | UNCOVER |
| CULTIVATE | ADVOCATE | RESOLVE |
| COMPETITIVE | EXHILARATE | FIDELITY |
| REMARKABLE | GRATIFIED | PHILANTHROPIC |
| NOTES | PROPEL | PERSEVERANCE |
| OPTIMISTIC | WELCOMING | CONSERVING |

# Puzzle # 5

```
K G R O U N D B R E A K I N G G W P S R Q R H
G D I S C I P L I N E D P W J S J R O E J R Q
J G O S S Z L R Z J O R P K I R C A L W F J V
H M Q N I L Y U U R O O S S G T Q I V C J N R
G N I K C E H C F M E O P R D W Y S E D A L E
O F X P I B B X I L X G I F A H V I D V U N S
J U E S O T G S H L T A N T E C N I G Q V P
Z N H Y C W E M N S G I D E G K S G P H M H E
N D B P G W E P I Y C E K T F V A W W R J G C
L R F Q S G G R T B R Q Y S C T V C X N C Q T
P A U L H Z N T A U S R E M E M B R A N C E E
P I L V K B I C R W W N T F G Q W P X E H Y D
P S F F F X T E U C M L C O N S I S T E N C Y
T I I R K A C L G D P K P R X W Q R E E H C Q
P N L F Q J E F U F C E V T E G U N I T Y H Q
Y G L J Q W P E A B U W Q U C G L I M P S E K
R J M W K D X R N W B Y S N H N R T Y W A U Y
Q H M K U B E T I Y O N D E Z A O F O H X I R
```

| | | |
|---|---|---|
| FULFILL | GRIT | PROMISE |
| WANDER | CHECKING | EXPECTING |
| CONSISTENCY | FUNDRAISING | GROUNDBREAKING |
| SOLVE | RESPECTED | GLIMPSE |
| REFLECT | CHEER | EAGER |
| FORTUNE | UNITY | PRAISING |
| POWER | REMEMBRANCE | INAUGURATING |
| NAVIGATE | SKILLFUL | DISCIPLINED |

A Z B D I P I K E S V O L U N T E E R I N G F
X X F O T C R L E N C E Z R V R E I Y N V U S
H Z L F L Q Y D R D I X R E E V L S Q G N B B
Q I J X H S A I C D S H J I F N A A L D V R P
M W B L C P T H S O G G S C Z T U O I U Y A D
G E P D A R E E I M U Y X N S H W N V I T E C
B Z O C T S Y R R J F U J C U J G C H Y N H F
I E S Z T J E L S Z K Z E B C S O Z W Y M X E
W E S U A E J Y T I R G E T N I I F W Z E V V
U H C F H L W C K P C E M E T V R J A X A V D
S X E C A B G H D Q V N M R L H P J A R O B U
N V U A D A Z E O D E C J E Q O Y L B L R I T
F S P Y V K W R N J N O T T S N T C U F J U E
F P H I O R P I A I I U Z S H O W N M N W R U
Q C O H C A L S T F G R Q O L R T B O K E I V
Z R R O A M S H I Y A A D F R E W V G V W L S
P L I R C E O B N Q M G R V E V E X E L C W P
X O A C Y R Q E G Z I E M R K L Q R Q A P A E

| ENCOURAGE | NOVEL | BOLSTER |
| CHERISH | CHEERIOS | REVERE |
| ESCAPADE | VOLUNTEERING | REMARKABLE |
| ECSTASY | FUNDING | BRAVE |
| EXALT | GLOW | INTEGRITY |
| FOSTER | HONOR | DONATING |
| IMAGINE | EUPHORIA | ADVOCACY |
| ATTACH | SUNSHINE | VOLUNTEER |

# Puzzle # 7

```
E E P P X E T C N I T S I D J R A O C J K H E
T L M Z N O I T I B M A B G M W J F D U A Q X
S G B L G E V A N L P M R G H N X M X R A X P
G L Z A H T F S Z T N E D I F N O C M L O J L
N O N I T T R Z H G A V Z F T D N O E N O X O
I R V N G I V T R E U T P J M H N D V I Y E R
L I F H H T P A H Q L M S I M I T P O D A C A
A O S A Y N T S Q L I T H D Z J K T E C M N T
E U K L J I Y Z O E R U E E Q X J T A V E E I
H S R E T X Z Q H H N V T R W W A R I O F I O
X S E U I L B E A U T I F U L V E C L M A R N
C O D G N I D N E I R F E B I G T Q K L Z E A
G E D C N A C E I T W T L T I O R A Q I N P Q
W Q W D A G Z R T R E K L V R J I E L F J X C
D S T I L L N E S S H U I Y P R G H S T R E J
V L X E W L X V T L C N G N I M O S S O L B V
N L S Z N V Z E Z D G S E W R Y Q T L V A T J
U Z M U L G W R K O M P S P W Q L H D I V I V
```

| | | |
|---|---|---|
| HOSPITABLE | INHALE | LIFT |
| TREK | HEALING | CONFIDENT |
| HARMONIZE | SHELTER | VICTORY |
| GRATITUDE | BEAUTIFUL | BLOSSOMING |
| OPTIMISM | EXPLORATION | DISTINCT |
| AMBITION | EXPERIENCE | BEFRIENDING |
| VIVID | STILLNESS | CAREGIVING |
| GLORIOUS | REVERE | CULTIVATED |

| | | |
|---|---|---|
| MOTIVATE | DARING | PROFICIENT |
| HOPE | CONTAINED | HORIZON |
| JOY | DEFENDING | RALLYING |
| AFFECTION | HUMANITARIAN | BLOSSOMING |
| THRILL | CELEBRATE | TENACIOUS |
| LITTLE | DREAM | PHILANTHROPIC |
| MASTER | BLISSFUL | SELFWORTH |
| FARAWAY | HIKE | MANAGING |

# Puzzle # 9

```
I W C D O H O S P I T A B L E S U C C E S S I
I R N M O T A P G H Q S T Y N E E I Q G O V L P
P G G T Y R A Z V A E K O J E V I T A R E N E G
D C U E T D B E X C E L M T I H L X Y O G S J
E W X R R G I A Z S W S O F T H E A R T E D L
R B O K O V I A C T N X H A A B X D I V E R T
E N B I R D E C L M R U G P T J F V R X W I O
W W C B P Z O N F R M N S X I B J E N E Q O X
O A X N J E Q A E B I E T U D J J J I A U D S
P O F T X F Q L L R I A W F E J L M Q L U S G
M Y M I Y A V E U X Q Z J Z M X E V X I E N U
E Q S V I T R S D X V H L L X N L R X N I R Q
D T H P O T S E T A I D E M T Z V W I R L N D
D D E G V A L U E V K T D O N K A P U X S H S
Y R B N E I X E T U B I R T L Z P D C S V Q G
J I Z R T N K U O Z T I Q B P A N B E I D M Q
I N S P I R A T I O N A L G H E C O M M E N D
O H V A E V Y Q R G E A L L F D J U O R Q C E
```

| | | |
|---|---|---|
| VALUE | PATRON | SUCCESS |
| MEDIATE | RELIEF | EMPOWERED |
| HAPPINESS | DIVERT | ATTAIN |
| TRIBUTE | MENTORING | INSPIRATIONAL |
| EXCEL | HOSPITABLE | REASSURING |
| CORDIAL | COEXIST | MEDITATIVE |
| GENERATIVE | COMMEND | SOFTHEARTED |
| ENDURING | HUMBLE | INTERVENE |

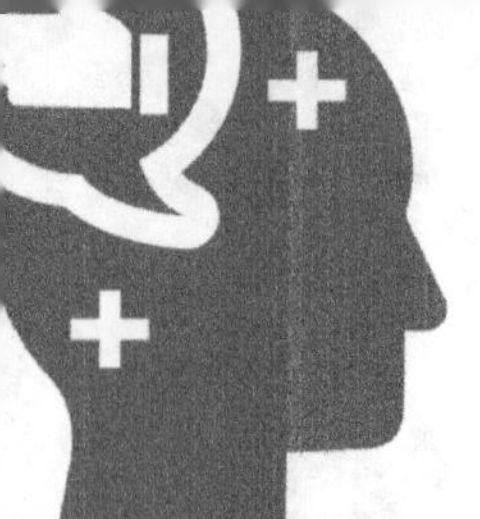

# Puzzle # 10

```
H Z H P L M T D D V Q C O B Y N I U X M E W V
S F P K X U N O N V C H A R I T A B L E A E K
Z W S O K M W O A I K J S W E E T N E S S X D
F W L U U E X H L M C G C E L B A N O S R E P
A L B O Z P G M V R B J R Y R S Y A D I L O H
Q E F N Z I R I E N I V S G G S C Y B U A W R
G P C N P I P A O I X X Y N B P I H E N L G E
E O V O F H T C N I T S I D E P T Z D A Y Y L
Y R G H F I U W A O L T U F D K S O U S Y O A
L P C A N E R E C K A K E A L I A S T P T J X
O E F G V C A L T R G G G G T N I R I I I S I
R T D O R J O R B G N A N R W D S A T R R K N
P A U B K X U E L C V W E E C B U L A E G E G
P D N F S C L Z X E K H L E H F H L R A E N M
L I X L R E K Q B I S O L M Z V T Y G Y T N V
Y L R R C K J R Q M S S A E O B N I L Q N E O
Q A R E L I E V I N G T H N P C E N K T I N Y
M V X R D M L Z Q P R H C T F H B G T P X W J
```

| | | |
|---|---|---|
| VALIDATE | INTEGRITY | CHALLENGE |
| KIND | RELAXING | LAND |
| COEXIST | CELEBRATING | HOLIDAYS |
| SWEETNESS | CREATING | FIRM |
| PROPEL | JOY | CHARITABLE |
| ASPIRE | AGREEMENT | DISTINCT |
| RALLYING | ENTHUSIASTIC | RELIEVING |
| FEARLESS | GRATITUDE | PERSONABLE |

# Puzzle # 11

| THRIVE | VIVACIOUS | SHINY |
|---|---|---|
| EUPHORIA | LOVER | SPOTLIGHT |
| SPUR | VOLUNTEERING | AIMING |
| ILLUMINATE | VALUING | AUSPICIOUS |
| GLOSSY | PILGRIMAGE | HEROIC |
| LUMINARY | CHALLENGE | HELPING |
| TOKENS | EXCITABLE | EMPATHIZING |
| RUE | TWINKLE | FUNDING |

# Puzzle # 12

```
F N V O N B O U N T Y G N I V R E W S N U Y H
P R E O O V K W I Z Z Z D Y J U S X D A F T O
Q Z T V N K P I I W T S I D C A R D S I L M M
G E S E I R M S T P S E E W Y G C Z T A U Y Q
S T V B K L Y H C E A D P V B E B S E G Z Q A
M M E Y E O P E N I N G A S L E Y H U R H Z I
Z D P J X N P I R I H R C D X M C G C N D R O
W L O N Y X P I M G S M P E V Y T I R A L C E
M B N W B P O R C B I S Z Z S I L F O Y N P C
K P W S A T I J Z P L I T F V T S W K J V B N
F N H H D A H A N E P U U B J E E I B O E E E
G I A X F Q U E S T M R Y Z C I V E N B P R I
M F N T M T R F S R O T G Y T E L C M G Q M L
B G V V U J P I L L C L N W Y Y O L T I S D I
R R C N B K C V R C A M V P K V C G H N L S
X V N G G X A X C B A G U H T F E M G P M G E
K O Z Z W S Z L R C N V A D E I F S I T A S R
K P Q M O X H O L I D A Y Y T I L I M U H F X
```

| | | |
|---|---|---|
| REJOICE | EYE-OPENING | WISH |
| SATISFIED | EVOLVES | MYSTIFY |
| QUEST | RESILIENCE | NOTES |
| BOUNTY | ADVISING | HOLIDAY |
| NATURAL | CLARITY | UNSWERVING |
| LIVEN | ALTRUISM | HEALTH |
| ACCOMPLISH | HAPPINESS | HUMILITY |
| CARDS | ESTEEMING | FAIR-MINDED |

K U F K Z E H N R X G I J U E P V E S M X Z U
G O U J H T E A E V F Q H C R P C A S C Q J O
A R K M U N G W P F M G N V G N I T A I D E M
T Y Z Q X A A K A Q V A A T E V D Y I C W P G
O G S I B Y Y N I F R J R C Y X H K U U X E N
U N R U A O O L R B S E I H B R Q C G G N K I
B I J E H U V P M E A F P L E A S U R E E L H
I D M F F B D E E S I H O O B S Q Z W S U B S
C R Q O I F M E U N I H U G R D I N I F D M I
B A C R S E O R G Z G O V M N W O A T Y E C L
E W H G R Q E A P S R Q Y S Y I R H X E T F B
J E A I B Q M F F N W C W R T S G A Q M R W A
V R M V S S E N T E E W S O O I T L L E A A T
Z S P I I N I T I A T I V E L T O I W R H X S
R L I N N Y R N Q U Z E C E D Z C B F T C B E
B Z O G L Z Y M S T D U D G F L R I X Y N M Q
M J N T R E S I L I E N T O U A Y L V I U J W
N T R L K K Z T R A N S P A R E N T Y T D W T

| TREASURE | MYSTIFY | REMEMBRANCE |
| DEVOTION | UNCHARTED | CHAMPION |
| VOYAGE | MEDIATING | RESILIENT |
| DELIGHTFUL | OFFER | INITIATIVE |
| RAISE | BUOYANT | VICTORY |
| REWARDING | FORGIVING | MAGNIFICENCE |
| HUG | PLEASURE | ESTABLISHING |
| TRANSPARENT | SWEETNESS | REPAIR |

# Puzzle # 14

```
K Z R T R L B Y W M L L Q Q H F T H A A Z Q O
Q D E N E T H G I L N E U E A N C V V B S Z T
T N I N V I N C I B L E Q S E Q R I O D H N G
D E T R A E H G I B Z H L V T Z A E H B E V C
I N F L U E N C E R E R R Y S R D G F R E G U
U Q Q W P A G W T E Y E A C I Z E Z E I N R E
S U A J D Q E S B V F Z E O N T W H A I N B A
E N D E A R I N G O J K C N A L D O T T M E Q
G C J K T G E D G C J A N S U A V U D N N F D
N O X D W A B E Q N X P E T G X B W H D F V G
I M S O Q O V K X U S B T A U I K P T C Y L N
L B Y S T U G I X J A D S N R Q J S G N A V C
K I G N J J D O T B M O I T A D Z H N R H N L
N N U K H S P V E C N N S T T D R E E S N P A
I E T A I C E R P P A I R T I F T L R R Z Q Y
W I C E B U D A Y B D Z E Y N F J T T P P W O
T X U S R P S T F S L A P L G S I E S J I H L
F U L F I L L M E N T X M I C Q V R R E O M U
```

| APPRECIATE | ADHERENT | GLARE |
| --- | --- | --- |
| ENDEARING | STRENGTH | UNCOVER |
| INFLUENCE | INAUGURATING | INVINCIBLE |
| PERSISTENCE | DISTRIBUTING | CONSTANT |
| LUSTRE | BIG-HEARTED | FULFILLMENT |
| TWINKLING | ACTIVATE | SHELTER |
| GUTSY | ENLIGHTENED | COMBINE |
| LOYAL | FERVENT | REFINED |

# Puzzle # 15

```
E N T H U S E G Y F L I Y S A X E L B A F F A I
I Z Y I A P N R I Z J J C I O F T Q Q X L C H
T G Y B N I A A G Z A G C S C L V A J J Z X W
Z D H M V N P S T I L L P E F J T D O N W F W
S E B O O A X U Z I I Y C H O G G A C K S E G
H Y L I O F H P Z M L X R T R N E V M S F I S
F S S C A R E G I V I N G N T Q E N Z I L L U
E I X N Q F F W F O M Z E Y U A W N U H P E C
V I Q L O C E O L X I T V S N N L K J I B B C
U J T T Y N V F U R A R Q T E K A T H O N X E
M Y E S S Y D O E N L R N N Y D L E S E Y E S
D S X P H G C X I I U Z H E M O L U S S D T S
T V I D T C N M G H L Y L I V Q I N E Y P U F
D I G O O L U I Q I O E R L G G W I C E D E U
C Q W E R L W M R C Z E R A N R D T C Y D D L
I L G A L E T I G A R N Y S O N O N U L V X J
P M O I A O H A P K H U P I O Y O O S G M J D
K C F C O N Y W N O R S H Q L C G C R E P Y E
```

| | | |
|---|---|---|
| GOODWILL | CONCEPT | VISIONARY |
| GENUINE | RELIEF | ILLUMINATE |
| ENTHUSE | CAREGIVING | SUCCESSFUL |
| SYNTHESIS | SALIENT | NEW |
| SUCCESS | LOVING | STILL |
| BELIEF | ODYSSEY | SHARING |
| FORTUNE | ENJOY | HEROISM |
| CONTINUE | ADMIRE | AFFABLE |

# Puzzle # 16

```
J D O I W V F E A S S G R A L L Y I N G M F K
A T S H A E V I T A I T I N I R Y P D B L X D
D D E L B A C I M A S Q J I I H E Z Z V U I H
I J Y E E U U I F B I R O N O H E P G K Y L I
X F U A C N W N Y R M C A J I J V X S E F K F
Y T H R I L L K G A P S F O R T I F Y O P R Y
S G D S V A B X T A L S X A L E T E C F R Z H
M X K P R D E G I P I V K K A S I W P V F P Z
A B I E E M T E P C F N B G T I T F P O E H Q
E L J V S I A M C Z Y K L X B W E Z K M H H B
R D W O T R N R F B N T V Y S H P M C Y G B E
D E A L B E E J A Y K B X S W L M I X D L C X
S I B Y K Z V O O K D T X P Q F O Q X R O M V
X R E H T R U F V U K K G C S U C V T E R I Q
F V T U O D J B Z Q R E E N E R E S P A I P Y
H B I N F L U E N C E N V K S I Z Y M M F A G
N H B Y G P D V C N N B E V W Q M V N F Y S F
U M Z B X K R E P S I H W Y D K I R T U N G H
```

| PROSPER | WISE | GLORIFY |
|---|---|---|
| HOPE | WHISPER | ADMIRE |
| SERENE | FURTHER | COMPETITIVE |
| HONOR | SERVICE | INITIATIVE |
| THRILL | LOVE | RALLYING |
| FORTIFY | DREAM | UNGAINLY |
| INFLUENCE | AMICABLE | DREAMS |
| JUVENATE | JOURNEY | SIMPLIFY |

# Puzzle # 17

```
C D T B B U N K T A A N B V E K Y H B I A T U
C X I F G N I H S I L B A T S E A R K R U V U
C O M M E M O R A T I N G G G C H Q O J A J S
T E R K G C F A W W B A O D R O H M M T M V M
V M A F K C V A K E T P P Z A N S T S E C X E
A S M L Q I D R Q N T P G M T S U S W C W I L
N I E Z I L A E R U A R N Z I I P V Q I O H V
G U V D W L J M J T E E I T T S E I Q O A N M
U F G W E Y Y I C R B C R N U T R S Q J J V W
A A T A D D J Y N O P I E E D E V B P E D A S
R Z X R U I V C Z F U A E M E N I H U R B P Z
D F Q M P H J Q S E L T T E S C S Y Y Y R Z Y
D D G D K U O L K M O I N G N Y I H H E E N A
T N E I C I F O R P D N U A T C N I T S I D S
I O T G B N M T R D T G L G L W G T F C U A Y
R S W W W A M E O T U C O N I Z E F D S F P J
F S C P T J T Q C O O F V E J B T G J N U E W
L O G B M U D E N I A T N O C R E A F F I R M
```

| | | |
|---|---|---|
| REJOICE | BETTER | VICTORY |
| CONSISTENCY | VOLUNTEERING | SETTLE |
| GRATITUDE | ENGAGEMENT | BRAVE |
| REAFFIRM | COMMEMORATING | CONTAINED |
| FORTUNE | UPBEAT | DISTINCT |
| OUTDO | IDYLLIC | APPRECIATING |
| WARM | REALIZE | ESTABLISHING |
| VANGUARD | PROFICIENT | SUPERVISING |

J L R M U I R B I L I U Q E Y I E Z M K V F R
P D C D N I K M D J K P J J J B Q R I N I E U
S V Y Q P V J X B R U E G K H F X J L D X R M
A E C N E U L F N I E C N A B A J I E W L D I
C K A J A H Z Q Q I P N I W F O R Z I T O B N
R E C O N C I L I N G A T D R F P M F D M Z A
I Q N U R M Z W Q B E V N E E N I M O K I O T
F B K U U O P T E O O D I P R W E R Y N J I I
I U G N G G Z S N Y A A L Q R T E V M T I N O
C N I A E R L P L Y U K G U N A A N I I X Z N
I K A I A G V O I K O W G E C Y I I E L N V E
N I E M E P D N G V X M M S H V U S N R O G X
G M P I X D V S H T E L L T X P U G I G L V K
B U Q N O R A O T E Z I L I B O M A N N V V Z
M A L G C F L R E J S U P E R V I S I N G J U
R F A M I L Y I N H C R A E S T K I U K W G J
J X E C A R G N E J C T B L N E A G L P J H Z
T S K A U P U G D W C A T I J I T G D T D M Y

| UPBEAT | ADVANCE | RENEWED |
| QUEST | SPONSORING | GLINTING |
| HARMONIZE | FAMILY | RUMINATION |
| GRACE | RECONCILING | AIMING |
| ENLIGHTENED | KIND | AFFIRMING |
| ENTERTAIN | EQUILIBRIUM | SACRIFICING |
| LIVEN | MOBILIZE | PRAISING |
| SEARCH | INFLUENCE | SUPERVISING |

| SUCCEED | INHALE | GLORIOUS |
| KIND | CHEERIOS | HOPING |
| MIRTH | EMPATHIZING | ENERGETIC |
| ENDURE | INCLUSIVE | BOND |
| GLIMMER | PATIENCE | BLITHE |
| CONQUER | EXCITEMENT | AIDING |
| ENDURING | CREDIT | FUNDRAISING |
| STURDY | WIN | UNIQUE |

# Puzzle # 20

| | | |
|---|---|---|
| CLARITY | CONNECTIONS | AIMING |
| HIKE | OVERCOMING | ASSURED |
| SOFTNESS | MOTIVATING | PERSIST |
| BEAMING | INFORMING | BABYSITTING |
| FOCUSED | ELATED | PERSEVERANCE |
| CONQUEROR | AGREEABILITY | TENACITY |
| GRANT | ENDOW | PREPARE |
| RESCUING | ENTHUSIAST | CULTIVATED |

# Puzzle # 21

```
G H G Y P O R H T N A L I H P X O W W A C J I
W B N Y X R E B M M G Z C C G T X Z G O F J W
S U I E R U T N E V A U A B T F A R A W A Y E
L B G A Y R E V A R B J T N J E L E V A T E D
I O A N H P J F Z V I P E O X A T T A I N N W
U B S E I E R V Y W T M R N P E Z F Z C J D W
Q Q S N A V I G A T E E D X L I L M L O T X Q
N N E U R J O R A G C L G P L A A T U O R J V
A S M W W K I L A O C E P V S K I N F K I P A
R C C E E R L R G B Z K Q H J Z L E I I U G V
T T L A X E U N I H O N Y Q N L A G T N M U T
O J I I V O I E D U C A T I N G D L U G P M C
J P Y G C T B O Y A I W I F N K X U A V H I G
N V U N I Y N F Q B K L C C T R O F E N A W X
C Q E O X C G F O P T I M I S M Q F B N N I Q
C V N H I R D E C I P H E R I N G E N Z T B I
H R D W Y W W R P V X O F T S Q M V E K E H F
H Q W O G D D L O T P R E S P E C T I N G G F
```

| | | |
|---|---|---|
| TRANQUIL | RESPECTING | DECIPHERING |
| LOVING | BRAVERY | ENCOURAGEMENT |
| TRIUMPHANT | COOKING | NAVIGATE |
| OPTIMISM | EDUCATING | UTOPIA |
| EFFULGENT | PHILANTHROPY | RECOGNITION |
| ELEVATED | VENTURE | MESSAGING |
| ATTAIN | EXALT | OFFER |
| FARAWAY | FLASHY | BEAUTIFUL |

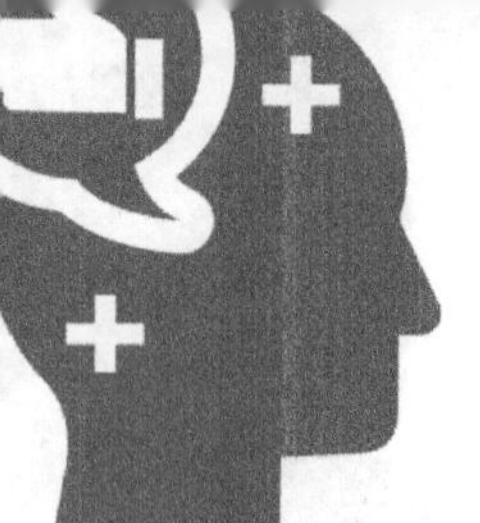

# Puzzle # 22

| | | |
|---|---|---|
| DREAM | UNCOVER | NURTURE |
| GRIN | HONEST | ALTRUISTIC |
| TRAVEL | APPRECIATING | ENDEAVOR |
| STILLNESS | TOLERANCE | WHISPER |
| GRATIFIED | PEACE | OPEN |
| ACCLAIM | POSITIVE | SPACIOUS |
| CLEVER | WANDERLUST | THANKING |
| WARM | CONTENTMENT | AMENABLE |

# Puzzle # 23

```
F J S I S I P E Z Y Z G I L U F R E E H C A M
P M H H S I U J K S M T S C Z H F K S G U C X
S A O E L D D U C U A F J F M T R R Z W P I E
V B C V D E V I T A M R O F S N A R T Y L T L
C X J I E V B R C O N C L U D E F P Z Z I E T
G P W U F N A H D R A U G N A V Z E L E F H N
H S H C J Y L C I P T B N W O G A X M E T T E
G Z P J N W A C U P J Y W X X L D B R W T A S
N J V W B S N O I T C E N N O C O Z P U S P E
C Q S S L A C R S H E E N U S L N O S Q A M R
X B L I S S E K P M N Z S E D L S V X V C E P
A U S Y O I K X P T T U M E C E W B Y Y R F E
K P Z T G V D T J J B V N D B A A G S W I S Q
H D J I C E R A C Q C W E Q D S K Q B F F G N
L I W R T P R O A C T I V E K E Z P U Z I B V
U Q S A N T G E I Q B V H D N U O T S A C Y X
J R M L Q Z S A Q X N V K Z Y R S I K A E V I
G M C C K D M R E C O N S T R U C T I N G S O
```

| | | |
|---|---|---|
| UPLIFT | PRESENT | EMBOLDEN |
| CLARITY | PACIFY | PROACTIVE |
| CHEERFUL | CONNECTIONS | SHEEN |
| BALANCE | RECONSTRUCTING | CONCLUDE |
| MOVE | BASK | VANGUARD |
| CUDDLE | BLISS | EASE |
| TRANSFORMATIVE | CARE | SACRIFICE |
| ASTOUND | ZEALOUS | EMPATHETIC |

```
E S D J Y L D N E I R F Z K H D C E A J S U D
S E S I G F I R L D N U O T S A I Y T G K L H
S D O D F M E T A I V E L L A J F S N V G O H
D C T V A S B G R A O J P E G K R I C A E Y N
R H K G J C L X O H B P L N H W N G D O K A G
A B I S Y O F C M M B Z I I A N H G I Q V L H
C N I O A A U P D J P L X Z I L D X A Z G E M
E H N M W V P R H I K X F G F L O N R D O Y R
K U I R E Q T H N N W H E G C I A R F D T V H
D N C G P A R V I E D B M Q I F Z L A G J V P
G B Q A G A G W Y P Y I G I N L F K N F P S E
O Q D E P M T E E K X K G O X U D I U G I R R
B H U T V A N M R F M U D Q E F P D M A O V S
S J R G Q S C O T B R O U H Y L X Q J L S D I
V J A Z F T B I T E N G A G E J X T P K G U S
A Z B A X E X P T A O E Q H N S P X Z P Z N T
O P L O C R B M T Y I U M V U Z E Z J X D N H
R U E H B Y A E B C O M P E T I T I V E V O M
```

| | | |
|---|---|---|
| FULFILL | DURABLE | TWINKLING |
| JOURNEY | CAPACITY | ASTOUND |
| EXPLORE | HELPING | CARDS |
| COMPETITIVE | DONATE | LOYAL |
| GLOAMING | FRIENDLY | EAGER |
| IMAGINE | DISCOVER | PERSIST |
| UNAFRAID | ENGAGE | MORALE |
| BEGINNINGS | MASTERY | ALLEVIATE |

# Puzzle # 25

```
I Q K I N C L U D I N G F T L U W I D W D S N
R C O H E S I O N F K B V R P E H P P B S Y E
E G N A P N H N A A D C C O P I E D A T H J O
N D I D B Q Y I G F S I K F A D V O C A C Y F
L M S L B I N N N Q S T P F U O I W F N Q B I
I M M O K E A N G W E E H E S D U A F X Q H B
G D V V H N C O G T N H B V C O N S T A N C Y
H O O A F C E V N Y I T N J G P G N S Z I M W
T T V B J O Y A I W P A T Q N N N J A S Q K A
E E X L X U A T T U P P B S I O I J V Z P K R
N N M E Q R W E A L A M B G T I R R I J F A M
U F A I N A F O I E H E N L T T E N N G M T H
W K I L N G D S D D Y O E I I A H I G U G X E
S H W D P E A S E B L D Z F S N P X S X E K A
K P N C F M N I M E T N N T Y I I E H V Y Q R
M S M X H E S T B K L M M I B M C J E W C K T
H Y G R E N Y S V Z G X S C A U E Q V Y Z N E
K E Z A E T J G J Q B Q E T B R D Z Y C F T D
```

| | | |
|---|---|---|
| AMUSE | CONSTANCY | ENLIGHTEN |
| SYNERGY | BABYSITTING | RUMINATION |
| HAPPINESS | BELONGING | EMINENT |
| LIFT | INCLUDING | ENCOURAGEMENT |
| EFFORT | WARM-HEARTED | SAVING |
| PLAN | COHESION | MEDIATING |
| DECIPHERING | AIM | ADVOCACY |
| INNOVATE | LOVABLE | EMPATHETIC |

# Puzzle # 26

<pre>
A M R D G M W E X C I T E S S T P W C I T X A
H M H E F V P S T G E M P O W E R M E N T F V
M Y U X Z L C Y M W S C O N C E N T R A T E H
Y N E H M Q T H R I V E S S O L G G N U T Y Y
P E H A F O R G I V E K C W Y Q N Q X N A E X
E L Y L K A G A D F U Z P U L I P A K W H B T
R B A E J Y C O T E C Y Z H R R Y L A Q F Z D
S A J U N O N T P D Y X X E E E H R E G U W N
O T E I T A Y X D N U F T P G R A V U A N V Z
N I K T T E I P P I U S A V F F Y M Q S D W L
A P R E X M P I O M O R U S G N I T E E R G R
B S J B I W U R W F I S R T T T Z M E Y P I Q
L O B S Y J L G E N K R I U Z X H S H E M T J
E H G G T A Y N G P E V I T C A O R P P H T X
G N I H C A O C A D V A N C I N G Y R E K H S
I W G T C N I T S I D V V H X U X O E M B S T
L A M U S U S H O L I D A Y S I V X B T K C S
J M M Y N H P L M L J M L M J E O O W V N H W
</pre>

| | | |
|---|---|---|
| THRIVE | DISTINCT | MIND |
| HOSPITABLE | COACHING | HOLIDAYS |
| SECURE | PREPARING | PERPETUAL |
| PROACTIVE | FORGIVE | IMPROVE |
| CONCENTRATE | EXCITE | FOSTERING |
| GREETINGS | FUN | EMPOWERMENT |
| FARAWAY | ADVANCING | DONATE |
| EXHALE | GLOSS | PERSONABLE |

# Puzzle # 27

```
L K R E N A Z Y F B D L E F E K H K R O O K D
G N I T N A H C Z O E B P L C L G S R I F Z I
N X T A P O K N B C T G I U N A G Q E N H J Y
H G S R B Z W Z H G R K O M A K P I L R H K Y
K E R E V A P R R C A E N I N W U R E P F U X
J P U P H O E A N H E M E N E H R E A R N E Z
B Y B O D A T H M A H N E A T P P T S E E C R
F D T O Q E D U T R W R R S V O A E L P X P
F D U C F C R M R M F M E Y U E S E P H S T G
W I O U V A S A O L O L V R S C E R Q U E S T
R G L A H D E N F O S R I K O R S G S L L S S
X O S L C L H I F P P Z T M A R V E L L O U S
K F U V A X I T E G S E R X R K E S U P U K Q
K H U M O X V A H A A N O Z G I H U A D N R P
N Y J T R T C R K N R U P T A A Y I Q U H U A
A E U N P M J I N V G K P J A W Q R G N F C Z
V A W X P Q E A J Y D C U G A O R L A M O Z D
S E D S A P W N X J T K S Q D U R G E C T C U
```

| | | |
|---|---|---|
| REFRESH | OUTBURST | PIONEER |
| CHARM | GREATER | MARVELLOUS |
| GRATEFUL | PURPOSE | APPROACH |
| SUPPORTIVE | SUSTENANCE | GRASP |
| LUMINARY | GIDDY | SOFTHEARTED |
| NEWS | QUEST | CHANTING |
| CONQUEROR | URGE | HUMANITARIAN |
| RELEASE | EFFORT | COOPERATE |

# Puzzle # 28

```
W I Z H S X K E V O K O J G G U V L A O G S O
W E R D M H N X R W G D Z G L Y I Z A N F S I
M T O P H A A G H P T I Q D O B W U Z L D Q H
Y L S D M X A R E N E R G E T I C D E K E L L
G K G U T N O C I J B D P B M D V F G I S E D
X N H W I S K C I N N E R N E I R A R P T V W
Y U W Z T E F F U L G E N T R S E P E S I I R
L X I V J I C X O L R V R J R T S J M S N T V
C N Q W E L C O M I N G I V Y R A P E E A Y A
G E L A J S F E L B A C I M A I E K Q N T X Q
H T M H N X P O Y J G Y U U Q B T I G T I S E
H A W Q F A V E U O Y R A Q E U N A X H O M T
Q R Y L A X D E N N E L I T M T I X T G N R A
N B A A C C E P T Z D S E T P I A H C I W T N
K E W V D F E S T I V I T Y O N R Y J R N G O
P L E V R E S E R P A X N I W G B W J B Q K D
C E O U S E M D C N A Y A G E Y W P J U E B D
C C A F E Q E E W V J R R J R H B T I D P Y S
```

| | | |
|---|---|---|
| CELEBRATE | HUMANE | EFFULGENT |
| AMICABLE | INNER | DESTINATION |
| FESTIVITY | ACCEPT | GRIT |
| WELCOMING | PRESERVE | FOUNDING |
| BRAINTEASER | MERRY | SHARING |
| GOAL | LEVITY | ORGANIZING |
| ENERGETIC | EMPOWER | DONATE |
| EMERGE | BRIGHTNESS | DISTRIBUTING |

# Puzzle # 29

```
R E S P E C T I N G S P Y T K M I T K N N S E
N H M N O I T A R I P S A I S B I P B Z H R G
G O E J G R R U W B R P C L J I K H T E I W L
L I I V T Z G N I N E P O E Y E M J W M Y A K
S B T T P O Q L W I N N I N G M L I D P E U Q
Y O C L A W P C F B Y Q A W X D W A T V X E I
J X N U E L S R T R E A S U R I N G T P C L J
P A I L Z Z E E D E X J Z R P J G M X N O X Z
W D T V I A J G N R J U V E M U Q P A G D F G
A X S F L C B A U I G B C T B B R R I N H N W
P J I X A A I E O P N I T Z S K U B O I K N Q
E L D I E H V M T S I L J I H S U V T T J T
N Y E R D A O Q S A P A L S S O U S M S B F U
I A N A I V O C A T T N V A W Y E O C I D E P
G T J F S G N I N E H T G N E R T S T S T B A
A T Y F Q E C O M M I T T E D T B T V S I D N
M U I X E P L A N G A F V E P M B I P A K F Z
I D V L A F L O U R I S H Z N B H E A L T H Q
```

| | | |
|---|---|---|
| FLOURISH | EYE-OPENING | OPTIMIST |
| WINNING | ASPIRATION | PLAN |
| ADMIRE | RESPECTING | ASTOUND |
| TREASURING | ASSISTING | IDEALIZE |
| COMMITTED | JUBILANT | EAGER |
| ASSURANCE | ELATION | DISTINCT |
| IMAGINE | PLEASE | HEALTH |
| TOP | ASPIRE | STRENGTHENING |

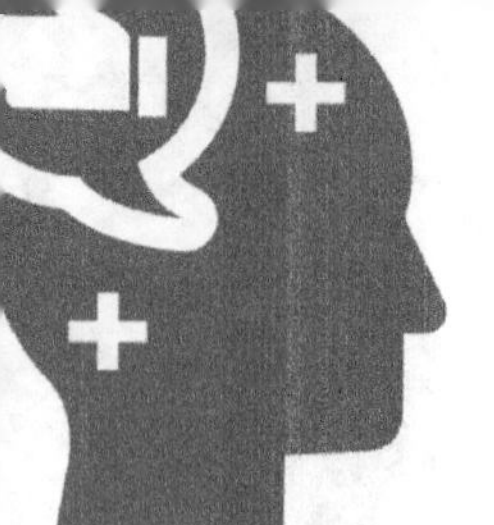

# Puzzle # 30

```
X C A U D Y D O W K O I W A E C N A R E L O T
S O C F O R X U W L H X W M B S O J D V W U S
M R M U U R V T O J X E B U A S I L E Q A Q U
G N N K A E Q W X D C C U S S E T A Y B N R Y
I K J S C M O I B W Z S H E J C C W O W D Z Q
G C R E S A E T N I A R B M D C E U J V E I J
S D E E C C U S W U I S S E R U T B R V R J W
N C P C S B H N Y R S L Q N E S O L E H I O G
G D E N D M O X G V Q Z S T A M R Y V T W J V
D S R E I D E N D U R I N G M L P V O U E X J
I I S D L C K R Y K O G C L S P M I A L C C A
X N E I J M P S L S I V Z Y V B V H Y X S M C
F C V F T D L E L Y A I Y R R K U X T W W D I
L E E N D A R I N G P O I N G I W Q L Q N P J
J R R O D G A E T A N O D T N E S E R P K G M
R E E C A P R O M O T E W I G L H O F F E R X
N C C I R O H P U E B O E R P F U Y X C C K W
H D C B K U N V L W V G R E A T E R T O R A G
```

| | | |
|---|---|---|
| SUCCEED | GREATER | SINCERE |
| EUPHORIC | DREAMS | OUTWIT |
| WANDER | NOD | PRESENT |
| OVERJOYED | OFFER | DARING |
| ACCLAIM | PERSEVERE | CONFIDENCE |
| SUCCESS | MERRY | PROTECTION |
| BRAINTEASER | AMUSEMENT | DONATE |
| ENDURING | PROMOTE | TOLERANCE |

# Puzzle # 31

```
V B Y S T D J P Y L R T Y L C N I P D K H E P
E E K L P G N I T A G I V A N N D R W D A H Q
S I A X A L N U S E C B D H O N E O S P A T H
E X Q J R V E C S G N I M I A Y N M S K L K C
E V B L E V C N B Y G T S C U S T I K Q K K C
D H A Q W Z N A D G F S H H G N I S A E L P Y
O E M S W E N S L O A Z X U L Q T E K Y D S Q
R W R H E M T I Y P R O P Y S L Y L I E S S N
Q D A A L U M G M V O K Z O E I M G R G M E E
I C W Z P M R O E G A R U O C T A O S F A N Z
V E C B E E C Z S L H W N G E E D S J U E L A
V E C R C T R H X H T A Z N R A L F T J R U G
P R O U D A V P L W E L F A R E U Z T I D F O
U L E P P L D U P Z S L S R G N C X Z K C D I
G V O R L F H F V F P K T P E L K T R A J N Y
Q K G B I N M H E B I T K E T Z Y O Q E D I X
J D Y T K I O J A U G H X O R T Z U X A U M G
E D D E N L E Q P F X U P U A U R Q W M Y M M
```

| | | |
|---|---|---|
| PLEASING | AIMING | GLIMMER |
| FUN | MINDFULNESS | PROUD |
| EXALT | WELFARE | PATH |
| INFLATE | NAVIGATING | NEWS |
| DAZZLE | COMPASSION | IDENTITY |
| PROMISE | ENTHUSIASTIC | SHELTER |
| SPLENDOR | COURAGE | DREAMS |
| WARM | PREPARED | ADORED |

# Puzzle # 32

```
Y T K E R T F A D O R W Y J U B I L A T I O N
S F A T G Y J I T E K P J N I U T E C H E H H
S Q F K C H A F T N W J E E S C A P A D E I E
X Q C U U R U S X K X D B U I L D I N G F C C
X O G C F L L J Y C A M A R A D E R I E S P D
T J P A F O D R A A G R E E A B L E O T U J E
Q W N I B W A I L U F H T I A F K A A P S S Y
K U L E W G D B S P T Q E A X O H S G K Z I Z
T L B G Z O F G H C J B M N Q K Y R A E Y X D
N L P K V E F E T H O O G N I C N E U L F N I
E T P R O A C T I V E V D E T R A E H G I B Z
D R E J U V E N A T E B E L G Y T I N A M U H
I S Q S K F P Q Z W S O G R A C N P G O C H I
F N V S E X J C O U N S E L R U K V J B T N Z
N U H I K M M J S R A H U I G D N O X W V O B
O R L O M I T R E S T F U L L L M C O F J I Y
C E H O G P M M E X X G T Q D Y F R H G I Z H
R S I M W W U R K N A F J W A G G A J C Z F C
```

| FULFILL | UNAFRAID | ECSTASY |
|---|---|---|
| AGREEABLE | LAUNCH | COUNSEL |
| BIG-HEARTED | RELIEF | CONFIDENT |
| ESCAPADE | INFLUENCING | PROACTIVE |
| JUBILATION | REJUVENATE | SEEK |
| BOLSTER | HUMANITY | RESTFUL |
| FAITHFUL | DISCOVER | CAMARADERIE |
| GROWTH | SKIM | BUILDING |

# Puzzle # 33

```
Q Q R A O V K I O Q H Y M T S R U B T U O D L
E N B V C L D U O C T L R O K S K D O D G C X
Q B Q M H E A J D I X A E T A G O Y T F K V T
Z N Z G A O L N M O F D T G N I P P O H S C A
M E L L C A K R B E F V A B R O N L K J V I K
K O I L E S O X I A S I V W E R L E N B D T E
W Z S Q K F C W P O A S I D E Y I J O S V N T
E P N D I V I H F O T I T T N D A E I D A A U
E B G N D J M T D D E N O N O D R F T I G M B
N Y U N Z E H A N K I G M E I E T F A M E O I
F L R P I E L V J S U M B S P S J E T D K R R
O E E A A R O I J P Q Y Z E O Q R I C S K M T
R W Z R N T O A G L W O A R T U R W E S T T L
C R T Y I O A T I H S Y Z P S Q Y R P B A Y U
E E V T F I I N N T T S A S H M O K X L M S R
D W E N X R Z S R E B T A X Z C B U E U O B Y
F R I E N D S H I P M H G U O R H T K A E R B
V C M K G S Y X B V N T I N M X H U X M B C W
```

| | | |
|---|---|---|
| MOTIVATE | BREAKTHROUGH | VISIONARY |
| DELIGHT | YOGA | FAME |
| UNIFORMITY | SOFTHEARTED | TRAIL |
| TRIBUTE | ADVISING | IDEALIZE |
| ROMANTIC | GLOW | ASSURE |
| EXPECTATION | FRIENDSHIP | OUTBURST |
| PIONEER | QUIET | MENTORING |
| PRESENT | ENFORCE | SHOPPING |

# Puzzle # 34

| | | |
|---|---|---|
| ACHIEVE | APOLOGIZING | DISCOVERY |
| CONCORD | PRESENTING | PROGRESSIVE |
| REVITALIZE | OVERCOMING | IMPULSE |
| EMBOLDEN | SPOTTING | EVOLVES |
| FLASHY | COZY | BOOSTING |
| EMINENT | DELIGHTFUL | VALUING |
| SNUGGLE | ENDORSE | HUGGING |
| SPONTANEOUS | ZESTFUL | LISTEN |

# Puzzle # 35

```
W C S J M H Q E N U G N I N N I W E H V L V X
Q D S N B W A A L W P T S S B U H X S F C M Y
E C E N T U C L E S E Q E B K T K W D J M F Q
Y G N A D U H Z N L P T O E A P K P C C T Y X
T S D L N J I T Q D B R G W V E C A R B M E U
I R N P N J E H V X L A S K M O V J D F O D A
V W O U D U V B C Y Y L N R M Z K V C M A D H
I A F N I Z E G M O S L D E T A I C E R P P A
T R D C Y E Q N V X P Y L T M N Z G S G U Z B
C T E H P O C L I M B I O S V A W M N Y Q I A
U O T A S B D W P X O N V D L V W I C M Y C L
D T A R W G X W W T F G E D G R D N G H H T K
O O L T Q E M B R A C I N G E I A W S E F I W
R P E E Z E N Q R K I E Q F V T O A E F X D D
P Y Z D D E A R E S T Q I O S P L R U L W G I
S U R P R I S I N G P N P N R N V F Y W D I E J Y
G G M Z W L O I P F E P O L O O P P N A J Q G
Q Q G P O L J R P D S C T O F Z G K K H S X G
```

| ACHIEVE | CONSTANCY | FLASHY |
|---|---|---|
| LOVE | WINK | PLAN |
| WINNING | PROVIDING | RALLYING |
| CLIMB | AMENABLE | UNCHARTED |
| FONDNESS | EMBRACE | EMBRACING |
| SWATHE | ELATED | SURPRISING |
| PRODUCTIVITY | VOYAGE | APPRECIATED |
| CHEERY | DEAREST | REFINED |

# Puzzle # 36

| | | |
|---|---|---|
| GRIN | DONATING | CONQUER |
| AIM | HUMILITY | BEGINNINGS |
| FACILITATE | SERVICE | WIELD |
| EXCITABLE | COOKING | BENEVOLENT |
| ASCEND | CONSISTENCY | WELLNESS |
| VIVACIOUS | URGE | CAREGIVING |
| FOUNDING | BOLDNESS | ENDURANCE |
| CLARIFY | GLAMOROUS | IMPROVISING |

```
N M O T I V A T I N G O K I N D H E A R T E D
B P C A F L S T U X L C K Z O B H L R A J R M
J G H E H U N V E S L U P M I Q G R N O N S G
W C T T S S A U S U N N I N E S S E W M A C U
N F Q T X N R E V O C S I D W B C M Z Q R M W
C S A I G V A S S I S T A N C E W M X X C N J
X I J U E C L S I N T F M E R P J I P S G B N
N K A R P D N E X P B J U I K I K H Y W L W Y
J R O K Q V M H O U L M P T P H G S K E O R S
D C Q T I N G S M J E S V Z H S S U O L A E Z
V H A X P W I I I T A O V U E D C G B P M F W
O H N X R T S W I C H U F N J N R X F O I Q N
Q M K V I E A C K B P W X X N E M H Y A N Q U
O L K V V D U F G N I S R U N I S D J E G R U
J Z I L W L X P Q L S K C V B R O W M H U E K
G T O S O S U O I N E G N I F F K Q G K Z E C
Y V N U E M O C R E V O H R E S C U E R R Q B
E B S S E A S E Y I H B U X V F O G R Z D J B
```

| | | |
|---|---|---|
| POSITIVITY | SUSTAIN | INGENIOUS |
| DISCOVER | KIND-HEARTED | GLOAMING |
| FRIENDSHIP | ASSISTANCE | IMPULSE |
| ASPIRE | NURSING | VANGUARD |
| SUNNINESS | OVERCOME | EASE |
| SHIMMER | ROAM | EVOLVES |
| WISHES | ZEALOUS | RESCUE |
| METICULOUS | URGE | MOTIVATING |

# Puzzle # 38

| | | |
|---|---|---|
| OVERCOME | GRIT | PROACTIVE |
| COURTEOUS | FOUNDING | CRACK |
| GENTLENESS | DISTINCT | MASTER |
| LAUGHTER | BEAUTIFUL | INVINCIBLE |
| FULFILLING | PASSION | CONCEPT |
| ENTHUSIASM | JOY | GUFFAW |
| ASCEND | SELFLESS | SYMPATHY |
| DESIROUS | COURAGE | TENDER-HEARTED |

# Puzzle # 39

```
F F X K Y Q D F G N I T A P I C I T R A P J O
Z E V L O S O R Q Z F Y L C L Q D I P F X O T
D P G W M J G M T Y H T R O W T S U R T V Q K
J Q Z S U O R O M A L G M A R V E L L O U S G
D A T R I Y P A M Q L X C W H E A C K M B T D
I D C I J E B R E A K T H R O U G H M O M D E
V R C Z R D B L E E W K F P T G A L D D Q L N
E Q Q S I Y P G T Y A A C C O M P L I S H Y I
G A I K H W M F V W R Y J X T V V W A I W F F
I S M A W D I O A X B X F L W B N E J W D K E
T X C I L G T G L T S P U O S S C H K R N F R
S U O E A P T A U W D X Y T C K D W N M C E Z
E L J S M B O F E N E B S L T C Q L I E M K E
R M P A K J L N A B C M X K G F R V W A S H I
P J H E M O G E B J P W A R M T H P F T T M A
D B D L W R N M O P R U X N M D C X Z A L B I
Z W F E A C K V L D X X A X V X J W W A J B T
T S C R D U U W D D E C S T A S Y S K Q H Y N
```

| VALUE | ECSTASY | PRESTIGE |
|---|---|---|
| RELEASE | WISDOM | BOLD |
| FAME | GIFT | UPBEAT |
| SOLVE | NEWS | PERSIST |
| EXULT | SWATHE | MARVELLOUS |
| PARTICIPATING | WARMTH | GLAMOROUS |
| BREAKTHROUGH | WINK | AMIABLE |
| ACCOMPLISH | TRUSTWORTHY | REFINED |

# Puzzle # 40

```
J F A I R M I N D E D A E U X N I A L O J R Q
H D G B Q E H Y T X C Y V C O N T E N T P I Y
J E H H V H V V T C L I H M R I F N O C O L F
F V R H F L Z I O E W I E X P E D I T E B D U
M S Y O J Y P R T T O P G M Z D E V O T E D E
B T Q G I N D X I C V S P H N O I T A V L A S
L B C M S C M V K L A W D E T T I M M O C F N
U C E X P L O R A T I O N I L O D Y S S E Y V
S G O S T A B I L I T Y R Z V S G R F G L V S
Q L Y T H C L W E H W H L P W G T F A N C Y O
Y A N Y B C O P M S T E A D F A S T P I H S U
S M E V L H V R P G Q G R O W T H C T V N D X
K O N X U L A A A E L L I W D O O G T I J W H
G R I Q S D B I T S R N H U P W E R A G J C P
B O U W E P L S H Q Q L M Z B D O B T R M X S
S U N A M E E I I Z R S P T J F H E Q O Y X B
V S E F K H F N Z G R P E F F D R O L F O I R
E L G A X Y P G E K D O W E H I H W B D C G N
```

| | | |
|---|---|---|
| CONTENT | STEADFAST | COMMITTED |
| FORGIVING | DEVOTED | PROACTIVE |
| EXPLORATION | SALVATION | LIGHT |
| ACCORD | EMPATHIZE | EXPEDITE |
| LOVABLE | GOODWILL | HEROIC |
| GROWTH | GENUINE | CONFIRM |
| EFFORT | ODYSSEY | PRAISING |
| GLAMOROUS | STABILITY | FAIR-MINDED |

# Puzzle # 41

| | | |
|---|---|---|
| INSPIRE | EYE-OPENING | BEAMING |
| ADORATION | IMPROVISING | FEARLESS |
| GENTLENESS | REMIND | UNCHARTED |
| ESTEEMING | TOLERANCE | UNGAINLY |
| SWATHE | PEACEFUL | LISTENING |
| PLAN | KIND | NOD |
| INVINCIBLE | SOFTNESS | CONTRIBUTE |
| FIRST | REFLECT | CHERISHED |

| SUCCEED | BELONGING | THINK |
|---|---|---|
| GRACIOUS | ENDURANCE | SETTLE |
| MARVEL | HUGGING | HERO |
| ENGAGE | ASSOCIATION | AFFIRMING |
| ENTHUSIASM | ADORE | ASSISTANCE |
| TOP | ENDEARING | THANKING |
| HUGS | REVERE | HOSTING |
| GUIDING | PROACTIVE | MOBILIZING |

# Puzzle # 43

```
F R V I S I T I N G H Q U S T C K N T T I O Y
N U A G D B F D M O F U N D R A I S I N G P O
O K V N C R U J X V Y C V U D Q M O Q B I I P
I D I I X X X S E X Z O D F G E E M H S C L S
T T D D G Y Q S X B H N B P N Y V U N T H G I
A N E I L N A U P X G S E O I J F O R M Y R C
R E Z F J T U O L F N I X R T Q M O T C O I H
A M I N G U I I O S I S C K N G I B S E Y M E
L N G O C R J R R Z N T E S E I R O T S D A E
I G R C Q R A O A R N E L R M E P T I G E G R
H I E W A T Z T T H I N H M I V Y I I N C E I
X L N Z Q S N C I D R C V P L Q F H M I S S O
E A E J O J D I O F G Y C O P A L T W V T V S
U R T P S C Y V N W I G U Q M U K R I I A X E
O U N G A I N L Y W O E Z N O A K A I G S J L
X E J H X W L E W B U O D D C M R T J B Y R B
P P A R T I C I P A T I N G E B F S Y M A E B
Z D W X H T H L F G F A D V O C A T E U M Y W
```

| | | |
|---|---|---|
| BEAM | GRINNING | EXCEL |
| PILGRIMAGE | VISITING | STORIES |
| ALIGNMENT | COMPLIMENTING | UNGAINLY |
| ECSTASY | CONFIDING | CHEERIOS |
| VICTORIOUS | EXPLORATION | GIVING |
| ENERGIZED | CONSISTENCY | PARTICIPATING |
| START | EXHILARATION | FUNDRAISING |
| DEVOTED | GRATIFIED | ADVOCATE |

# Puzzle # 44

```
U I G L V J A S B H T N E I L A S P A R I T Y
D Z S G U H W Y K H U Z O W D U I J W H X W D
U H M H Y P K O Z K V Q D U O F K Z J O V C Q
C U U S J I B B R W U J H V X Y N J V G O V R
I J C E I Y S J G E R I S E D D Y E W E Y B E
U M I R N O S S E N E L T N E G R N M C O H T
I N T I O B R G W Y Q G X Q C C H A G N I T H
Q V E Q Z V X E T Z D I S C O V E R Y A V H G
M J H F L Z U Z H F I A U M S B D R W L K P U
W A T C H E E R G R E D E M P T I O N A V U A
O E A Y W R Y H G L I D E L N P I P C B O F L
Y K P O K V X W D B Y H Z M Z E U L I O F B S
T A M N X E H L U F E P O H O Z I W L R R S L
F Y Y S S U P E R V I S I N G L A W L N F A C
J R S S Q W Y K M D T I O W V E K D Y W E M J
G E N I A L I T Y L E C X E C H P A D M I S K
F W T O L I S T I W T U O A A Q J J I V H S S
I J E V S X J D P J T C U L T I V A T E H Z E
```

| | | |
|---|---|---|
| CHEER | DISCOVERY | LAUGHTER |
| BEAM | GENIALITY | CULTIVATE |
| SYMPATHETIC | REDEMPTION | OUTWIT |
| BALANCE | SALIENT | DESIRE |
| IDYLLIC | OVERCOME | WISE |
| EXCEL | GENTLENESS | PARITY |
| HOPEFUL | GLIDE | HEROISM |
| DAZZLE | STILLNESS | SUPERVISING |

# Puzzle # 45

```
M S Z E A L O U S C T N J R E L I E V I N G F
I R K A F V A V C E B S H N F G L V P F B T D
T E H O A C H E J K U E D S I L G Y H D Z E N
W E H D I V L W W I B T Q E J O Y Y S C U K I
P H T B Q E H I T H V T A L X A M G U J L F C
L C R C B I P U P V Y L P F L M R N Y L Y U L
W L O R W Y E E S I W E R L P I S I J Y D N E
F O A O T I R A D M I R E E H N X V J C E S B
K T G N M H S Q M P S U C S V G Q I Z I S W E
E U U J E L O Y Y T N S I S N D W G T G T H N
N O A S S E N E V I G R O F B P F R B R I Z E
B D O V H C A G W S X O U H N W S O T Y N C V
M L Y S D Y B E W U N Y S D T S J F L G A U O
O K A N C V L V C P E Z I L A T I V E R T K L
Q L Q W A R E L W P P E G Q Z B M I K O I Q E
F L H E E M A O K O B J W L R T S D U X O Q N
O M V P M C I S G R W H I S P E R J S N N U T
R X C W G Y Z C V T Q Y J F P M U L Y K N M F
```

| | | |
|---|---|---|
| SUPPORT | WISE | BOUNTY |
| FORGIVING | WHISPER | DYNAMIC |
| HIKE | BENEVOLENT | SOLVE |
| REVITALIZE | RELIEVING | GLOAMING |
| PRECIOUS | CELEBRATE | SETTLE |
| CHEERS | SELFLESS | DESTINATION |
| CLUE | ZEALOUS | FORGIVENESS |
| FLASH | ADMIRE | PERSONABLE |

# Puzzle # 46

```
E V U X S B Y E X V I X G S S Z I S V N U E Y
A D M I N I S T E R I N G O G S K E H G C R Q
I N U R S I N G Y E F B P L M I B I Y O X A R
C E L E B R A T E L S D Y V M S K I L L E D A
H I U U C D X S N B I H T E X D P P L Y H O P
W D W R F Y Z A W I Z T I P R O T E C T I O N
X D H O P D T A Y C I R L C O N F I D E N C E
W N E B N I S H P N Y I I T I C Y S C C G X L
Q O W D O G Y U E I Z P U I O L P N P L A K U
Q D E N L I V E N V K Q Q A Y C A C O V D A G
O W Y K E M I F O N I T N Z K Y E S A E L P D
R G N I D N O B S I N I A G A D V I S E K I S
P E I H C R L E U H H G R Y W W S B W U V W F
F A J E V L P T M R X Q T C J Q Y V G P C B U
X Y H O C V O A D N F E U P H O R I A B V T M
K E C R I P K E M W N G N I S I V O R P M I F
T K R E I C O R G Y W U G R E R U T R U N U B
H H T A C A E C H B G P E N E R G I Z E D B W
```

| | | |
|---|---|---|
| REJOICE | SKILLED | BONDING |
| TRIP | CONFIDENCE | SOLVE |
| TRANQUILITY | PROTECTION | UTOPIA |
| NURTURE | IMPROVISING | INVINCIBLE |
| ADVISE | CELEBRATE | ENLIVEN |
| ENERGIZED | SKIM | ADVOCACY |
| NATION | EUPHORIA | NURSING |
| CREATE | PLEASE | ADMINISTERING |

# Puzzle # 47

| | | | | | | | | | | | | | | | | | | | | | |
|---|---|---|---|---|---|---|---|---|---|---|---|---|---|---|---|---|---|---|---|---|---|
| T | P | Z | L | V | D | W | C | G | N | P | G | D | N | L | P | Y | G | X | P | J | H | P |
| E | E | B | S | I | W | V | Y | I | M | P | N | M | Y | A | E | I | U | E | O | P | U | D |
| N | V | S | Y | B | D | L | G | M | E | V | I | T | D | N | O | I | T | C | E | F | F | A |
| D | I | E | F | T | R | K | M | X | E | I | D | I | M | D | S | V | X | N | R | L | O | E |
| E | T | C | Z | E | F | I | N | Q | U | R | I | Q | B | R | M | Z | F | A | V | A | J | Y |
| R | I | R | O | C | I | L | G | D | N | T | V | Q | I | L | O | Q | L | R | W | N | S | E |
| H | T | C | U | N | E | L | E | H | I | U | O | S | F | Z | O | B | V | U | V | O | Z | O |
| E | E | R | Y | G | G | F | E | D | T | O | R | N | L | N | T | U | E | D | V | I | F | P |
| A | P | N | I | U | E | R | C | R | N | U | P | H | A | H | H | Y | A | N | B | T | E | E |
| R | M | L | U | N | W | X | U | L | O | S | F | J | X | L | B | A | P | E | D | A | K | N |
| T | O | V | D | S | T | W | I | I | C | C | L | X | Y | V | H | W | B | B | M | R | O | I |
| E | C | I | L | Y | J | Q | X | Z | T | T | O | V | E | U | U | T | O | F | D | I | K | N |
| D | N | F | C | B | F | P | I | C | F | Y | U | E | C | R | E | D | N | M | C | P | I | G |
| G | K | R | E | D | C | I | I | E | T | J | R | I | Z | E | A | A | D | H | N | S | C | W |
| H | P | A | N | P | M | C | T | A | V | A | I | I | R | M | E | L | W | K | L | N | Y | H |
| H | N | H | P | S | R | M | B | R | H | K | S | G | B | W | C | B | G | I | U | I | A | J |
| U | N | L | O | S | Y | P | D | S | O | H | H | U | F | U | L | F | I | L | L | I | N | G |
| V | G | N | I | T | N | A | H | C | Z | F | X | Y | X | A | S | Z | A | U | G | P | Y | O |

FLOURISH
AFFECTION
CONGRUITY
FULFILLING
GLARE
WAY
INSPIRATIONAL
EYE-OPENING
RELIEF
DEFENDING
GREET
PROVIDING
BRIGHT
SMOOTH
FORTIFY
COMPETITIVE
CONTINUE
LAND
VIRTUOUS
BOND
CHANTING
ENDURANCE
SHARE
TENDER-HEARTED

# Puzzle # 48

```
G L F L Y F Y U Z S E M Y E S S Y D O Q Y N S
N P O S F L L W Q B H M C Z U B I J G T G C F
I P X B I D M M J P F N V S N D V K U H Y N A
T K L R R G B V M E B Y S K A T I F T W L P Y
A X P I A N K U L J P E P C F C J G S Y B M G
C C I G L I I M U B L N H Z R I E H Y B N Y S
U T O H C R E S D H I B T N A R B I V F F E X
D Z N T T A W I T D N I K P I X L H J S R Z O
E F E E T P A U L D R N E I D E Q Q T E D I J
V R E R H E R R A P P R E C I A T E C W E L I
X F R Y A R W T R V G I C Y L Q W O R Y Z A L
S V M M N P O L E O P P O R T U N I T Y I T C
Q Y Z X K P P A S E W M T G P C Y L N Q G I J
F F V O I P T S P H Y R H K I O J E H G R V H
G Y Z G N R E G E L S B E L O V E D J H E E S
M Y C L G H H T C N B F I G P Q X W L Y N R K
E C N E I T A P T C H N S E H R J Z N Q E H D
B J T R E V I D A F G C O N Q U E R O R F J I
```

| | | |
|---|---|---|
| ENERGIZE | CONQUEROR | VIBRANT |
| APPRECIATE | CLARIFY | UNAFRAID |
| KIND | THANKING | RESPECT |
| BELOVED | RECONCILING | RUTHLESS |
| REVITALIZE | TRIUMPH | OPPORTUNITY |
| BRIGHTER | PATIENCE | DIVERT |
| PIONEER | ALTRUISM | PREPARING |
| GUTSY | ODYSSEY | EDUCATING |

# Puzzle # 49

| | | |
|---|---|---|
| RELAXED | BABYSITTING | EFFORT |
| GENEROUS | MINDFULNESS | WISH |
| SOFTNESS | ACCOMPANY | THRILLING |
| MOBILIZE | FACILITATING | AFFIRMING |
| AID | WINNING | RECOGNITION |
| ENIGMA | ROAM | FAMILY |
| DARING | GLORY | INCLUSIVE |
| VANGUARD | CREDIT | MOBILIZING |

| VALUE | WIELD | FLASHY |
|---|---|---|
| GOODWILL | CAPACITY | TRANSPARENT |
| MERRIMENT | SURVIVAL | CUNNING |
| BOLDNESS | PREPARE | NEW |
| GLOSSY | RELAXED | GIVING |
| SHINY | MARVEL | TOLERANT |
| GENERATIVE | SINCERE | COMPANIONSHIP |
| CERTAIN | LITTLE | GENIAL |

# Puzzle # 51

```
D G S Q I D Z R S Z M N Q U M V L S U H C I A
R S Y G R E N Y S T R E A T I N G M N S S C D
X A M U P L C P H S E R V I C E F F H O H M G
Q T C N B R O F E C W S Z I L B Y B I L T R L
V I I I F B O E Q B W T U B S F O R K X J E P
G S P F N D F G N Q B T A C V E E M K V D U S
V F O Y O J Q Y R V K I A F C E L D W F U H J
Q I R I T E N K C E M O U W H E Y F A K B J P
U E H N F U Y C X A S Q F C U Z S N W F G H H
G D T G A A I N C L U S I V E N E S S O T J D
I O N W I T J F S F H T I S H T N S F G R R X
L I A Q T F Q J B G S K S V K Z F A N U E T E
V G L L H U T M L A U G H T E R P E E A L Q H
R E I W F G N I R E V E S R E P R O M M F J P
X S H B U B B W N P R R D E S T I N A T I O N
I B P E L J R V T G A H I N S P I R A T I O N
O W B Y A C T U Q M T U O B I C H A M P I O N
U V S X D Y I G O D E O A S U P P O R T I N G
```

| DREAM | PHILANTHROPIC | PERSEVERING |
| AMIABLE | SELFWORTH | SUCCESSFUL |
| SYNERGY | INSPIRATION | NOTES |
| CHAMPION | UNIFYING | CHEERIOS |
| FAITHFUL | SATISFIED | GIFTING |
| GOAL | SUPPORTING | STRENGTH |
| PROGRESSIVE | LAUGHTER | SERVICE |
| DESTINATION | INCLUSIVENESS | TREATING |

# Puzzle # 52

| SUPPORT | BLOOM | GUIDE |
|---|---|---|
| EMBRACE | PROTECTING | VICTORY |
| THOUGHTFUL | RECOGNITION | WISHES |
| RELISH | VALIDATING | CERTAIN |
| ACTIVATE | EXUDE | SHELTERING |
| PROMISE | GENTLENESS | BEFRIENDING |
| LAND | GLORY | SHELTER |
| HOLIDAY | COURAGE | CALLING |

# Puzzle # 53

```
W R E Y G L I M P S E F P U G Q F X Q B W E D
N Y L T B J I R J G N M W N G B I T F M G L S
B N P C S P Z E N D U R I N G T F J X I T X E
C H Y H P Y S N Z V R O I R D X P O H O N O R
W D I K P S Q S L M G P K V Q M J P R H M X U
O N S Z B S U P N Y L N X S F V Y Z R T K W G
E M T D F E T P S E W C Z M I N I R G Y U R J
U W P F Q N V A H N O I P M A H C E K I U N C
S I C U S D E E P R O F I C I E N T I H O X E
U D R U E L Z L D T B Z E Q I Z S A N J E S Q
R E A E L O Z B E A W B B K M T T N D A X S R
M N A K K B A A W I I F I S J E I I L Q J P F
O T G G R G R T E Q R E V E L C L M I D B Y L
U I U S A K M I N G R A T E F U L U E W H E I
N T F S P E H C E N Q X Z A V M N L S I V I V
T Y V K S M M X R V D A M U S E E L T A F M J
G O P C Q H X E V J A J D L M C S I R C P I H
G V E V T C Z I X S A T I S F Y S T A A D C T
```

| | | |
|---|---|---|
| SHINE | SPARKLE | CHAMPION |
| AMUSE | GLIMPSE | CLEVER |
| HONOR | EASYGOING | BOLDNESS |
| STILLNESS | HELPING | ILLUMINATE |
| GRATEFUL | GRIN | FORTUNE |
| RENEWED | KINDLIEST | ENDURING |
| PROFICIENT | TRAVEL | SATISFY |
| EXCITABLE | SURMOUNT | IDENTITY |

# Puzzle # 54

J X T E T A C I N U M M O C X E N H R D A D H
Y R J X K J F U Y I G N C S V T A Q Y Z U I W
P G K R B P I E C N A P C V A A N V L P K N Q
V E C I E E M W U T S E A C N V D A N C I N G
R G A A S L D F V E S K S R H O H I B F C U I
D N S C M C A F A G A O B I O N M D N O C X F
U I H I E A C T C R P P J X R N Z P W A R M F
C T U D D K R H E I R B L L S I O V I D R V C
Y T M Q E Q E A B T U H A S A L V A T I O N W
P O A J C O A E D Y S T S T N E I C I F O R P
C P N N G K T L P E D D S X S T R E N G T H B
D S I W N L I T M E R A U E S U Z G P C C N E
Z R T T I S V J N X R I R F O T F N S I F D L
K E A A T U I R G M W U E S P J M W I U Z L O
G D R V S R T S U P D Z X H T U T O R I N G V
R N I Y O I Y J P N W A W C O N F I D E N C E
K C A H O V T E E W I A T E K I G Z F C M F D
J M N R B J K V U D Y V F U N D R A I S I N G

| | | |
|---|---|---|
| CREATIVITY | CONFIDENCE | WARM |
| BELOVED | HUMANITARIAN | ASSURE |
| ENDURE | CAMARADERIE | DANCING |
| SURPASS | FUNDRAISING | TUTORING |
| INNOVATE | RELATE | STRENGTH |
| INTEGRITY | AID | SALVATION |
| PEACEKEEPER | PROFICIENT | SPOTTING |
| BOOSTING | RISE | COMMUNICATE |

# Puzzle # 55

| | | |
|---|---|---|
| BELIEVE | DEVOTED | GENERATIVE |
| CARE | PACIFY | AUDACIOUS |
| RELATE | CHANTING | UNCHARTED |
| AID | CASING | EMERGE |
| ENLIGHTEN | REJUVENATE | EASYGOING |
| PRESENT | FORGIVING | BEFRIENDING |
| ENERGETIC | AIM | CLEANING |
| BLOOM | ENDORSE | ADMINISTERING |

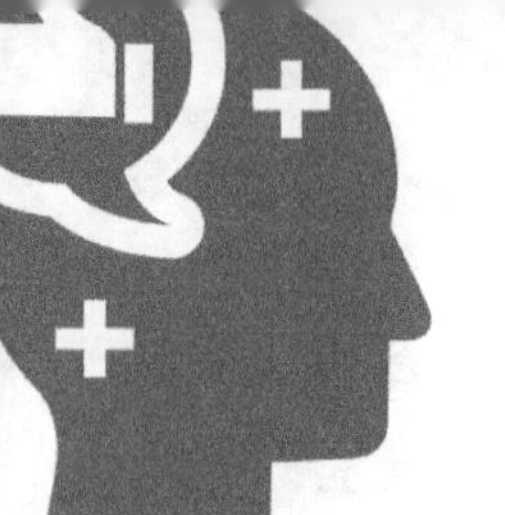

# Puzzle # 56

```
W W O V G V L P T V E I R E D A R A M A C I K
A Y U G J E Y N H N S V U C Q X J K K S Y R Q
M V V N V E A R T O U C G T N V T F U Z D K K
B C H A M L C R U X O G Y X K E S U A L P P A
I B X W I Q E U C N L Z T O A H S S M B H H B
T W R B R A O K T O H H O I T E N A C I T Y O
I O U E S E V I S U L C N I H E I V I K B G N
O J T U B R N S J F W C Q S S N E Z C V G P D
N T R K D U Y J O O L K I V U L E M A G A N I
I E A Z E R I U P U I R C M O I L H Q I L A N
D M T E N E B L S I U G E Q R G B D X P L V G
T D R X B S L I D O E T G X O H A P O F O I M
J K L H I P V C L M U E Y C M T T R G P C G I
G H F E J E U F R E L I S H A E I D I R A A O
V C S X N C X S B S S X N A L N C R D Y T T V
X I A E K T U P F O F V V N G E X Y D S I I L
E C S V H E A R T F E L T U O D E I Y O N N L
E S U T L D I M P R O V I S I N G G F D G G O
```

| | | |
|---|---|---|
| FLOURISH | TENACITY | INCLUSIVENESS |
| GIDDY | IMPROVISING | EXCITABLE |
| HEARTFELT | INCLUSIVE | GLAMOROUS |
| RELISH | ALLOCATING | CONTINUE |
| BONDING | JUBILANT | CAMARADERIE |
| ENLIGHTENED | UPBEAT | APPLAUSE |
| GLOSSY | TREASURED | NAVIGATING |
| REBUILD | AMBITION | RESPECTED |

# Puzzle # 57

```
R H M I W I S W Y Z Q T S U L R E D N A W N M
B B E C A G T L D E X K N O I T A R I P S N I
M I W W Q B E Y D J C G E G M K E O V K Z V X
V E T A I D E M I C J D P Q K C A L R J T X Z
Z Z D M B V U S G D J U W Y O Q Q R X A F R R
C M E R G N Y S A T S C E N S A K T X Y U L E
W L V I Y F N K O I I P S D A F R S O P H S P
R A O T C L I O Q E R T E K H T M U S B L S S
A P T E A A U E H T R I M R E S I V D A C E O
F R E X C S Y V Y U L P D F S D O S B B O N R
H E D C O H Z I C E N Y L J J E Z P J U N I P
S P T E V Y X T U F R C O H S Z V K L U S P Q
W A B L D X I C R O M A N T I C O E F B O P Z
Y R C P A N S A D I F N I R C A F V R E L A F
R E R Y G E O O T N E G L U F F E A A A I H A
K D J C R W O R T I P H L L K K I V Q E N U X
M O F P Q Y F P Q Q L E J Z Z N E Z O T G C N
G T M F T Y N O M R A H K Q Y O U L I P N X E
```

| | | |
|---|---|---|
| PROSPER | EFFULGENT | SPUR |
| GIDDY | CONSOLING | ROMANTIC |
| MEDIATE | RESCUE | PREPARED |
| ECSTASY | INSPIRATION | FLASHY |
| EXCEL | HARMONY | DEVOTED |
| ADVISE | WANDERLUST | ADVOCACY |
| PROACTIVE | HAPPINESS | PERSEVERANCE |
| BRAINY | MIRTH | RECONSTRUCTING |

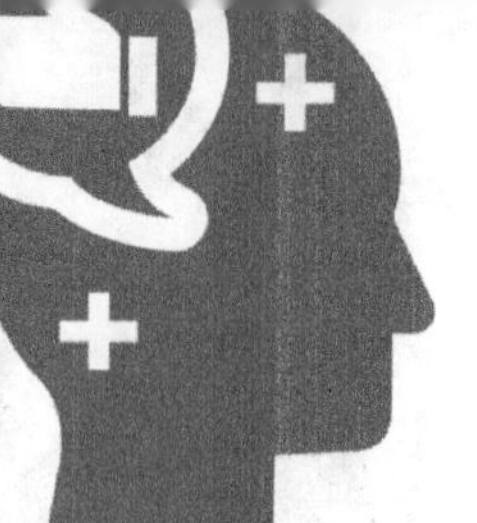

# Puzzle # 58

| | | |
|---|---|---|
| OVERCOME | CONTAINED | HORIZON |
| COZY | GUFFAW | WORTHY |
| LIGHTEN | CHECKING | RELIABLE |
| HELP | ASSOCIATION | RELIEF |
| GLIMMER | SATISFIED | GRASP |
| WAY | AGREEMENT | WELLNESS |
| TRUE | REWARDING | SPOTTING |
| PACIFY | BRIGHTNESS | VOLUNTEER |

# Puzzle # 59

```
U I A C N J N K D Q J P J J R G R I Y P F S B
L E P M W I N N I N G U J G C Y O C Q E R L J
E E N G C R T B S X L R O R L Z T T X E A K B
P G N N E U R W Z X L S Y D R S G P J E K P I
O G H I Z H N E Z F W U N P O L L O X G G L S
R T B L C G N I U C S E R K A O I W L V L E V
P W L O Y A L T Y B I H P M R C T M I U M X I
R S V S J M I L L R Q L O A I J L V M O G C S
E P T N V J O L F L R R T N P P A I T N E I I
V R R O Q U Q T L O O I G D K C N F I S S T T
E O T C S S N A M U O B G C I A P C V V C E I
N M H R Q T C W S N D Q I O T P N P Z D T M N
U O E X H I L A R A T E U E H E B F S T U E G
E T I A K C T Q S W F S J M U F P A U Y C N J
R E Y A X E K N C G N I L L I F L U F Q D T S
P I Y F L V N I U N U R F O A Y A X H V K Z Y
I V A F R H S W J V X N U Q X C X A Y R R G G
H D L F V X C W M G I H F D U G D A T O V M K
```

| | | |
|---|---|---|
| EXHILARATE | RUE | PROPEL |
| WINNING | RESCUING | LOYALTY |
| EXPLORATION | CONSOLING | GLAMOROUS |
| PROMOTE | JUSTICE | CALL |
| REJOICING | JOY | VIVACIOUS |
| PURSUE | FRIENDLY | VISITING |
| ILLUMINATE | EXCITEMENT | FAIR |
| REVENUE | FULFILLING | INFLUENCING |

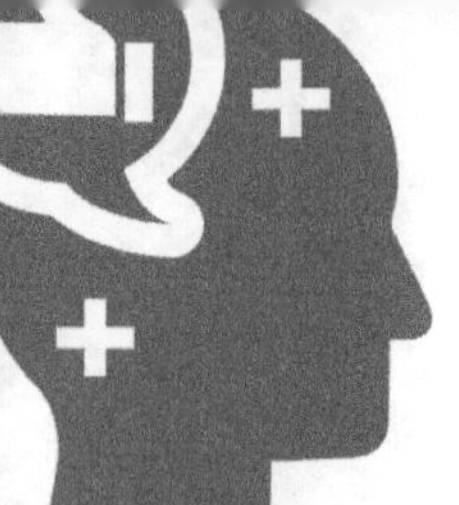

S N X X X D Y V C X J D T S S B E S T B V N J
Q E Z X O H P O M D V S T A E R C V E U V I P
F P O X S U G U P X U D M K U B F L L G Y A E
E O F A L N N D I S I K Z T A I O X E E A T X
D Y L X I L M F T X P J R E H N R L T G C R C
I F C P S I T A F Y P U G H G A M A U X F E M
U V F L T I I C S S N D O I C M T F D T Y T B
G A O V E N I F A L W F N H I I F W K A D N Z
C H R Q N C Z P Z P L G I U D A D T P Z I E N
Q Y V K I L S L F J A E Y E W T Y B B A A E Y
U L O T N U P O T A V C M G G U H T L A E H N
U I B P G D U V R E O Q I L R O L U F T S E Z
F A C I L I T A T I N G R T S E X O P L T S N
T O Y C P N Z B G V J H A G Y H N H W L B B R
Q P B J H G L L P L I L A G V D Z Y H S A Z W
T B I Y I A H E P S U O I C A V I V S E G K W
M N R E M A R K A B L E R E S I L I E N C E O
T D D L K C I M D R I N F O R M I N G V U C M

| | | |
|---|---|---|
| ACHIEVE | CAPACITY | REMARKABLE |
| SYNERGY | HEALTH | VIVACIOUS |
| GUIDE | BELONGING | SUSTAIN |
| ENTERTAIN | INFORMING | GUFFAW |
| FLASHY | CHARM | LISTENING |
| TOP | NURTURE | RESILIENCE |
| OPEN | LOVABLE | INCLUDING |
| MEDITATE | ZESTFUL | FACILITATING |

# Puzzle # 61

X G A O V L F I P I Q Y C T C V K U C E X P O
S H J W D G Q S W N T O P J N D F N I U S X G
D R E A M V E A A L E H G E U D M S T S S H S
G X Z N T H G G A X K E N K W E H W O H F P D
R S E F S V N Y I E X C I T E T N E I A H D N
M W X I B O O S A E V I R D O R C R B R K B E
F B W R N L T I Q F P Q Q G X A I V M I V P I
F N K O V L Q N Y Z F Z F A D E R I Y N K B R
A G S F U N D R A I S I N G S H O N S G S Z F
M E C O N S T R U C T D R H I M H G E T X Y B
I N C P O Q R G R Y Z Y M M N R P L E V R A M
C T S C U N G N B R I O H J M A U F S O X O E
A L W M X E F I U X M U O K O W E U J L J O I
B E F L O E Z N P E Q T A G N U P L P M W N W
L N R Z L U F A A U H H T V P P R G C X Q I I
E E T Y H T A E T P O F S W O W Y N S I H A S
R S W R M X T L D E R U H R L D A X E N D Q H
F S S Q F D N C Y J W L T C J D W O K Y N P P

| SUPPORT | FRIENDS | MARVEL |
| DREAM | YOUTHFUL | COEXIST |
| EXCITE | CONSTRUCT | LOYALTY |
| AMICABLE | CLEANING | WISHES |
| JOURNEY | AFFIRM | NEW |
| SYMBIOTIC | EUPHORIC | UNSWERVING |
| DRIVE | GENTLENESS | SHARING |
| WISH | WARM-HEARTED | FUNDRAISING |

# Puzzle # 62

```
F G E K Z V C C S H H L O U I T H M Q R U O I
S C B R T A U S B R S E X C I T E M E N T Q K
I I H W M V S A E D E L K C U H C V D A E V R
Y I N H A K D V O I R E T A V I T L U C R B T
W V A S W O O O B A F J H C Y E B H Z F A V E
M B X V P L R X W R E N N N T V B E S Y L N K
T Q F T R I H U P F R H K C I I I K M T G O K
T B I S V S R L C A D U U Z L T N T J I W I A
A N D N J S M E X N Q R X I I A E K C V I T L
G Y K A P E F Q D U T O K F B R N M C I G C L
P V C R P N B P P S T Y D S A E D L H T N A E
L U A L U T B V N N A V O N E N E K Q A I F V
Q N R N C H O O O R I O I Y E E A J E E T S I
J X C N R G C R P X T W N A R G V H O R C I A
H Q B N F I D L P H T X N J G Z O S Y C E T T
F E C Y B R B L I E C C E B A X R Y C J P A I
X R V G V B J N A C O U R A G E O U S M X S N
Z X K D S F G M U T A E B P U K E O M N E V G
```

| | | |
|---|---|---|
| CREATIVITY | SOOTHING | EXPECTING |
| UPBEAT | LOVER | CRACK |
| AGREEABILITY | SATISFACTION | PRAY |
| BRIGHTNESS | ADOPTING | INSPIRED |
| ENDEAVOR | REFRESH | CHUCKLE |
| GENERATIVE | EXCITEMENT | CONSTRUCT |
| UNAFRAID | CULTIVATE | INNER |
| COURAGEOUS | GLARE | ALLEVIATING |

# Puzzle # 63

```
X Z G D D N Y L H F I F V G O S X P F C G R C
Y B D Q X S E L F E S T E E M S Z Q O I N R T
E E E E J Q V C T V A R G M O O P M F V I M J
S R R T P G F L U F R E T S A M F R H Z M H R
S U U A E C I T S I M I T P O O V G S W E J E
Y T S G R I K D X P T O V S R K S N M T E S S
D P A I S R F J S D N M K T C F P I K C T A P
O A E V E O M K I G Z J I X L R H K C O S Y O
U R R A V V A K I C C N Q L T M Y C B P E O N
S F T N E A K V Z G G N I N E V R E T N I F S
O N M T R E E C L J K U J P H B Y H H D F S I
L Z Z C E D Y Q Q C Q E P S O H K U C U H E S B
N M K C N N B L B N Y S G N I X A L E R U Z L
T S H O E E E W A D A I K M M Y Z G C O P W E
V Q S P G N I R E T S O F Q P C E C Y V R W T
C T Q E N A T G N J Q M M G G M K O U S O N D
Z X E N P L F A I E S C E N I C J Q D B I E H
O H S V L Y S A S Z J J K L E M P O W E R D E
```

| | | |
|---|---|---|
| PERSEVERE | OPTIMISTIC | ESTEEMING |
| TRANQUIL | RELAXING | ENDEAVOR |
| TREASURED | SELFESTEEM | GIVE |
| COMFORTING | RESPONSIBLE | NAVIGATE |
| EMPOWER | HOPE | OPEN |
| SCENIC | JOYOUS | FOSTERING |
| MASTERFUL | ODYSSEY | CHECKING |
| SANTAS | RAPTURE | INTERVENING |

# Puzzle # 64

| | | |
|---|---|---|
| PEACE | AIMING | STRONG |
| RELATE | SKILLED | SHIMMER |
| FESTIVITY | CONFIDENCE | DECIPHERING |
| ESTEEMING | TOLERANT | ADVANCED |
| ASSIST | KINDLIEST | INSPIRING |
| WIN | LEISURE | MENTORING |
| EFFULGENT | PLEASE | FORGIVENESS |
| TRAIL | OPTIMISM | HUGGING |

# Puzzle # 65

```
X S B T H E X G X D U H J R G P Y C F A U H S
T A O N Z S J R D A O F R R N D F A S H S O M
P H Q N S U O I C I P S U A P O I W P W L N B
R U R O A M D G R E E T I N G S L R M G H O L
N N O I T A M R O F S N A R T P P T F I L R U
C F C S T Z S M C E N N S B F D M S Y A K H D
N C G S P M N X N L V A Q U Y T I V E L K S V
E X O V S E K K X G O V D C T X S I P O A I Z
N O F X M U I A M G N I E N T E R T A I N L N
B S O K V E R L X U V G I C D O N A T E W E X
H H N N O P S V M N P A J Z M E R E Y I N R V
D I S S I L B S I S S T R E N G T H E N I N G
W O N N D L I R A V R E V C C F H A L V M S G
S M Z Q K S Q M A G A W O Q N Y C S V U P J T
T N E M I L P M O C E L W O R T H W H I L E W
Y W X T K R E S I L I E N T N D R B W R T F B
U J E X C V M Y I V C F P E D P R F D Y K C T
P C P I H S N O I N A P M O C W A F M U Y A A
```

| | | |
|---|---|---|
| BLISS | AUSPICIOUS | LIFT |
| ROAM | TRANSFORMATION | ENTERTAIN |
| RELISH | WINK | MESSAGE |
| COMPLIMENT | SIMPLIFY | NAVIGATE |
| ACTIVATE | HONOR | SURVIVAL |
| RESILIENT | LEVITY | COMPANIONSHIP |
| GREETINGS | BOOST | DONATE |
| SNUGGLE | WORTHWHILE | STRENGTHENING |

```
X K L D S O W W I S H E S M O G Y G Q A U O E
C T E A C H I N G N I T A R O B A L L O C U R
J O A C K Q O H Q A T B A C P E E O A D A J U
V F M V D A K B U E T P S L D X T A P H D I S
F W M M S O J I D R V C Z M V C U M J Y V G A
A U H F I P S R I A P A P W Z E B I P E E X E
L E U R X T S N L H U L W R I E I N X L N P L
L Y J G N I T E S E R P Q L D R G C R T V P
O J R P N N W E R C Z N I N Q E T O U R U E M
C F D S J N U S D A S B J K D L N V Q M R I D
A N B U C U R C B P P J F Q T C O I V X E N D
T S R S R E R Y U A R X L S I I C V I P R Z O
I E A D F A T G I B I A A L K C C I Z O C A D
N A V L C P B R W L G E I X Q R M D N W P S X
G K E F T F D L N E H A E B X N N X N T P P Q
R C R Y G R E N E J T S E R A F L E W U K I Q
T S Y Q T U R O L E L G N O Z I R O H T L R L
C R E S T I N G Z X Y I U L O Y Y E C E Y E R
```

| | | |
|---|---|---|
| CONCILIATE | PRESENTING | HORIZON |
| SPRIGHTLY | WELFARE | ADVENTURER |
| ASPIRE | SHARE | RESTING |
| REFLECT | COLLABORATING | TEACHING |
| VIVID | PLEASURE | ENERGY |
| WISHES | EXCEED | BRAVERY |
| DURABLE | COMMITTED | CONTRIBUTE |
| CAPABLE | GLOAMING | ALLOCATING |

# Puzzle # 67

```
D B B Y V D D U N U M C M O G I V Q Q R G T B
A L L N T S H W C Y D V L P N M Q M U D N O M
F J K A P H Q O O F K G G P I I C T I E I H M
F I D P N F L J N J U Z N O N F A Z T N T B H
A W Q M S F L H T D H G I R A G E T I T R V W
B O H O B O I W I J E N T T E N E Z W H O H I
L G X C E D T P N L X K F U L I H R T U P N X
E P O C P Q S W U M P T I N C R T E U S P A G
E K E A R I V B E S A R L I K E C I O I U Q L
X I O R L I L P L A N E P T H W U D Z A S R V
T M D J S L Q T M Y D A U Y E O R Z X S C J D
T D Y O P E A I B W A S B N Q P T F P T H P Z
Y H E P J E V C I K K U E Y N M S Z F I A I J
S S G N I T E E R G G R M J S E N C T C N P O
S L J W S U X U R U G E S V Y U O B U W T E L
O T K O E V I S A I B D P D T Q C N A S I Y L
L D V A N X I X Z O N S K I M H N Y P S N C Y
G P F E O B T E Z E Y G Y G S J V C R E G E H
```

| | | |
|---|---|---|
| ENERGIZE | EMPOWERING | PLAN |
| SUPPORTING | EXPAND | WAY |
| SKIM | CHANTING | CALL |
| PERSEVERING | ACCOMPANY | OPPORTUNITY |
| GLOSSY | JOLLY | CONSTRUCT |
| CONTINUE | TREASURED | UPLIFTING |
| GREETINGS | ENTHUSIASTIC | CLEANING |
| STILL | OUTWIT | AFFABLE |

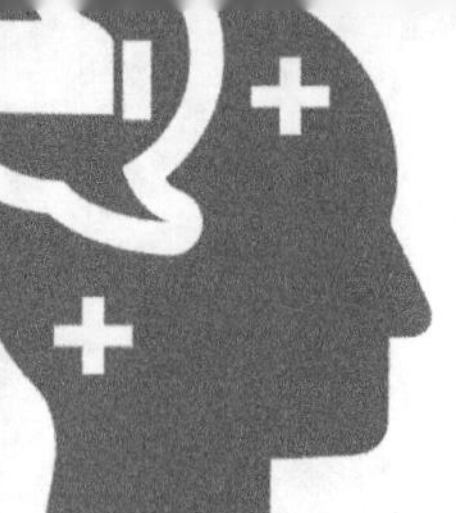

# Puzzle # 68

| | | |
|---|---|---|
| BRIGHTEN | PERPETUAL | SUCCESS |
| EMPATHY | SPONTANEOUS | BELIEF |
| RECONCILIATION | REPAIR | VIRTUOUS |
| CREDIT | RESPECTED | SEEDLING |
| AID | GRIN | FURTHER |
| VISIONARY | WANDERLUST | HUMILITY |
| GLAMOROUS | MOBILIZE | ASSISTING |
| START | SPUR | AMENABLE |

U H T Z F R X A Z M D I Y J A Q W S K S P T L
Y K N R Q Q P F G N I M O C L E W A G I Q S A
R F M R E M E M B R A N C E D W T E Q U T E I
D G N I R E V E S R E P E G S J S G M J H I D
G Y A Q B U S D S E G N G K N T C J P C S L R
N A Q W M S D U L G T N E X R I T Z L F B D O
I E G V L R E G O H Q E I M K H L M Y A G N C
N N S R C U R V U I B Q O T L S S L V T I I G
E I P X E P G S S W C T S J A K T S I A I K E
H G O Y R E I N F I I A M N P R P J K R O C N
T A S F N A T B I V G W D S I Z U L N I H Z T
G M I R S V J I A R X I S U B X C G E E H T L
N I T T F K D T N D E A P R A S R E U A X C E
E I I L F G I R O G E T A U L M E R L A S S N
R C V N A N Z N Z J S V L Z O F V X L I N E E
T J I U G Z D X G G E C R E A T I N G A D I S
S C T K Z N L P R S N G L K H T V O S K E A S
G T Y Q R F E T A G I V A N X S E D W L S B W



POSITIVITY        AUDACIOUS        CORDIAL
GENTLENESS        SHELTERING       IMAGINE
ENTHUSIASTIC      INAUGURATING     HUGS
PLEASE            CREATING         BRAVE
WELCOMING         REVIVE           THRILLING
PERSEVERING       KINDLIEST        MOTIVATING
GREETINGS         REMEMBRANCE      NOD
NAVIGATE          PURSUE           STRENGTHENING

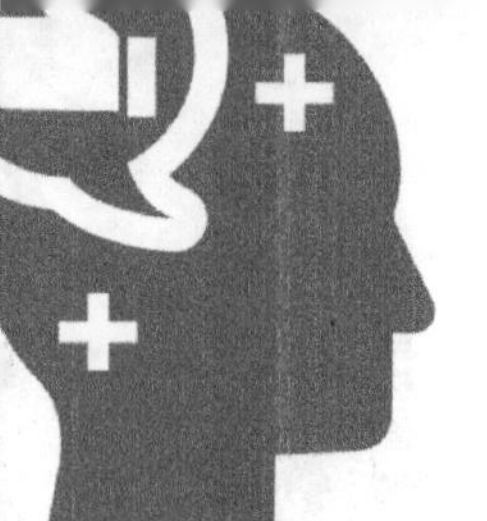

# Puzzle # 70

| | | |
|---|---|---|
| APPRECIATE | EXCELLENCE | THANK |
| CLARITY | IDEALIZE | ROMANTIC |
| JOYOUS | ADVANCE | ACHIEVEMENT |
| GLIDE | RESPECTED | WAY |
| GRATEFUL | GENEROSITY | NEWS |
| BACKING | PLEASING | BUDDING |
| EXCITABLE | TRIP | PRESENTING |
| CONCLUDE | SYMMETRY | GENIAL |

# Puzzle # 71

```
S Y Q R V A T R A N Y G C H E C K I N G V G F
A L G L I Y A O L R N Z E R V U B H X Z G Z L
U X N Y C G E O L I O D L P J O P M V M N L S
M A I A T C I L C J I G Z K O D T E H U I I S
W Y V L O L T N B O T N Z A I Z G L V W T V E
A U A P R K A F W B I M A V I I N B B F A E N
P N S P Y V F K I C B L D G Q H I A Q X T L I
V N Y I D M E O A G M L E L O V L T E S I Y P
E B G A M M O V X G A E Y N Y H D R Q Z L X P
J S P G N I R E H P I C E D J N E O T H I B A
N O T M W D A R Y E C B O J F Q E F A E C U H
E S S E R Q A C A A V J P E D X S M V B A B H
B X Q O E S Z O P K O X E H Z K X O X L F T I
W F V F U M A M P Y K N N O B M B C Z W M B I
B T S U R T E E Z I H A I M L M E M B R A C E
V O I N C L U D I N G I N V O K R P A D C K V
G R A W H A I F B S T H G U O H T W D N O L B
G Q J X P D I K T A Q M F F M E F F O R T T X
```

| | | |
|---|---|---|
| OVERCOME | BLOOM | AMBITION |
| TRUST | EYE-OPENING | EFFORT |
| WARMTH | SAVING | DECIPHERING |
| LIVELY | CHECKING | THOUGHTS |
| ADVANCING | EMBRACE | SEEDLING |
| PLAY | JOY | COMFORTABLE |
| DAZZLE | HAPPINESS | INCLUDING |
| VICTORY | ESTEEMED | FACILITATING |

# Puzzle # 72

| | | |
|---|---|---|
| ENERGIZE | ATTAIN | CORDIAL |
| ECSTATIC | BLOOM | STRONG |
| TRANQUILITY | UPLIFTING | WINKLE |
| COMMEND | PRAISING | HOLIDAYS |
| ENHANCE | JOYOUS | AUSPICIOUS |
| FONDNESS | SUPPORTING | SMILING |
| ILLUMINATE | GLORIFY | SHELTER |
| CRACK | PURSUE | STRENGTHENING |

# Puzzle # 73

```
U S A A C I V Z J G N I V R E S E R P K J B I
A P I X P J D W O F L B E N D U R A N C E T G
V R Q V I S I O N A R Y G L I S T E N X L Y B
V G A L L A N T E N W O R M M O L S O E T M D
F B W Y U D C V O M Y W G M O Y W M F E J M L
I F L L X W A I K B Y L I U T I W T E Z S V T
V R O W T R P E A D E T R A E H R E D N E T H
F E X O N M R V Y O F H A U L A Z P K A Y T B
O T N O A N M I S F B R N L E I N S Q T J L E
S A Y H H O W S J A W D M H R E F T N X P P S
X E C A P I U U A J M U M S M E D T A K C R P
J R B P M T E L Y T I L I M U H L U E F I Z W
R G N Q U P C C E C R O F N I E R E L B M U H
L Z Z R I M A N E C Y T P R W T A Z A C J G G
K J P U R E R I S L X J M I K J J J X E S N C M
S A V M T D B A E I P X L J C X N H P F E O V
C T M I X E M W E A B O Y T I R A D I L O S C
P E V R P R E J K S N T T C O U R A G E O U S
```

| | | |
|---|---|---|
| EMBRACE | GREATER | CONCLUDE |
| TRIUMPHANT | SOLIDARITY | RAVE |
| HUMBLE | ENDURANCE | COURAGEOUS |
| CHAMPION | INCLUSIVE | RELEASE |
| GLISTEN | HEARTFELT | HUMILITY |
| TOP | REINFORCE | REDEMPTION |
| SEEK | LIFT | PRESERVING |
| GALLANT | VISIONARY | TENDER-HEARTED |

# Puzzle # 74

| DREAM | INSPIRING | ZEALOUS |
|---|---|---|
| MERRY | YOUTHFUL | INFLUENCE |
| GRACIOUS | COACHING | EXUBERANT |
| NURTURING | BRAVERY | REBUILD |
| BALANCE | ELATE | INSPIRED |
| THANK | FRIENDLY | ADVANCE |
| REACH | GENEROUS | RESILIENCE |
| PROMISE | ESCAPADE | ACCEPT |

# Puzzle # 75

```
K L S S E N E V I G R O F M T S E R A E D E Y
B U A L A I P O T U W J P R R A R P T F X Q J
I F P G G E T A N O I S S A P M O C T C F I O
R T T G N P C J L L F Y D Z I Q W J D K L U C
E I H K I E T N G N I T N E M I L P M O C R O
R U E V G F O K V P V R X F S E M B O L D E N
U R Q I A I B P Q R G D N H G T X H T M G D E
D F J Q S L G G G I O M Y N N E I P F V D U E
N Q T S S Q S U I D W D V D I W Y N X V L J V
E N A S E P C B E E J L Q Z H C V R A C D C M
R P E Y M S G N I G A R U O C N E D E T T Q A
I V N V I T R A N S F O R M A T I V E T I A U
I M K D I J E N E R G I Z E O Q R O F R S O M
A C P T Y L R O M A N T I C C U F C A R P A N
Z F U R R E N A D M I R E F D T C S M U W B M
U A K B O A M E P M E O K A N O I T I B M A R
V Y F Z L V X E X I V Z R G Y F W O L V W P Y
I S O S E Q E C D U Q K Q N J F O C Y H X R E
```

| | | |
|---|---|---|
| ENERGIZE | COACHING | UTOPIA |
| ENCOURAGING | EMBOLDEN | FAMILY |
| ENLIVEN | CLUE | ROMANTIC |
| PASSION | PRIDE | DESTINATION |
| COMPASSIONATE | AMBITION | COMPLIMENTING |
| IMPROVE | MASTERY | DEAREST |
| ADMIRE | FORGIVENESS | FRUITFUL |
| TRANSFORMATIVE | ENDURE | MESSAGING |

# Puzzle # 76

| | | |
|---|---|---|
| PERSEVERE | WHISPER | PURSUE |
| EXULT | PLEASANCE | CORDIAL |
| DEVOTION | WELLNESS | SHIMMER |
| WANDERLUST | ACCOMPANYING | BRIGHTER |
| PERSUADE | LOVELY | GUFFAW |
| MENTOR | EXCITE | GIVING |
| HOPEFUL | FANTASIA | SOLIDARITY |
| GLOSSY | GRATIFIED | TENDER-HEARTED |

| | | |
|---|---|---|
| OVERCOME | REMARKABLE | STILLNESS |
| SHINE | FAME | REWARD |
| EXULT | PHILANTHROPIC | SHEEN |
| VOYAGE | HEALING | ANTICIPATE |
| SMOOTH | THRIVE | RUMINATION |
| COMPLIMENT | UPBEAT | GALLANT |
| DAZZLE | LAUGH | EVOLVES |
| VIVID | FRIENDSHIP | CHECKING |

# Puzzle # 78

```
G O S N Y T G P N Y W S E I J T B S D J H Z I
H N O D G G G M O X Y P N H K B L A I E Q A A
E V I Q R G A M I Y B E I H V D E L L X Q X T
M H W D E T P I T S I C H T F Q U P Y F W R K
H Y A C N A S Z C N I I S A B N T R I P O H C
E E S L E U J T E P M A N P K O U E E F D O A
G R H T V Q O A N L O L U B E I H B F R N C B
R L E Q I J Y F N V M W S R N S E E N X W X H
E D I R P F O K O S F E E M B S I L D X I P F
E U C N X G Y R C B G V D R U A G I C N N T Y
T T R E T H G U A L E C E N W P S H E E N J L
L J Q Z G C T N M R P D E M E E T S E F H S U
C A Z P L F G H G Y Z V J O V R E D W G L S S
Y T B N O Q R Y N Q H R C V V L S Z O D X Y T
F P K M S E M P A T H I Z I N G N G D L H B R
I I J U S B O L S T E R O T I Z L Z N N H U E
Q R I T O S J Y F A M E F A I N M I E J O A K
G R L I Y H I G B C T N E J Q K Z T E U R S X
```

| PASSION | PATH | EFFORT |
| --- | --- | --- |
| LAUGHTER | EMPATHIZING | SHEEN |
| BOLSTER | PRIDE | MYSTIFY |
| ESTEEMED | GREET | POWER |
| HELP | TRIP | FOUNDING |
| LUSTRE | SUNSHINE | ENERGY |
| GLOSS | ENDOW | CONNECTION |
| FAME | REVERE | SPECIAL |

# Puzzle # 79

```
D C I A G C K Y O P P O R T U N I T Y Z L L P
T N E I L A S D H Q J H S A K I R H F S W Z W
B J P K G S P D L A N O I T A R I P S N I N T
W I F P H B E I D Q D Y T I V I T I S O P I B
O I B A B R R G A D C I P O R H T N A L I H P
J J N B Q X S O K M A K B D I S C O V E R Y B
J A F K X U E W F B B C S J E B D X Q H N C Y
W Z R P L G V W J F M H P M U I R T D E O A K
V D H R C E E P T C E T N A L P H W R L N P H
D L S W E N R A S O P R Y K A E Z M A B V A C
U E O C N B E J U R E L I E V I N G U A I B L
U I N V H T Q G L D Z L R P C M K E P F O L A
T Q R S E Z B R R I V W F R M Q J R B F L E R
Y E E B F Z N O E A D Z K O J J Y O Y A E I I
B N C K A O K V D L B H D P Y L I L V C N H F
M S I U R T L A N F A G N E B G L P C E C M Y
R I Q S S W N D A Y O Z A L J U I X Z X E V O
C V E H C E Y S W V A H Q I V C T E N K P L C
```

| | | |
|---|---|---|
| POSITIVITY | CLARIFY | CORDIAL |
| PERSEVERE | CAPABLE | PLAN |
| GIDDY | RELIEVING | NEWS |
| EXPLORE | SALIENT | OPPORTUNITY |
| PROPEL | TRIUMPH | PHILANTHROPIC |
| WINKLE | LOVE | NONVIOLENCE |
| DISCOVERY | ALTRUISM | OFFER |
| INSPIRATIONAL | WANDERLUST | AFFABLE |

# Puzzle # 80

| | | |
|---|---|---|
| AMUSE | EVOLVES | RAVE |
| SELFLESS | SHARING | RESPECT |
| DELIGHTFUL | SALVATION | UNCHARTED |
| BRAINY | NOD | MEDITATIVE |
| FORTUNE | GOODWILL | UPWARD |
| ENCOURAGEMENT | PLEASURE | MEANING |
| CONQUEROR | RESILIENT | LAUNCHING |
| SOOTHING | SHEEN | NAVIGATING |

## Puzzle # 1

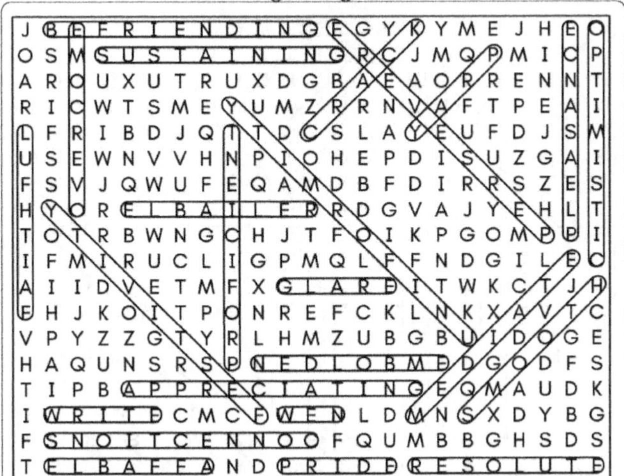

| | | |
|---|---|---|
| OVERCOME | RELIABLE | GLARE |
| UNIFORMITY | PLEASANCE | WRITE |
| SMOOTH | APPRECIATING | OPTIMISTIC |
| EMBOLDEN | PRIDE | NEW |
| PROFICIENT | PERSEVERE | SUSTAINING |
| CRACK | MEDIATE | BEFRIENDING |
| PRAY | FESTIVITY | CONNECTIONS |
| RESOLUTE | FAITHFUL | AFFABLE |

## Puzzle # 2

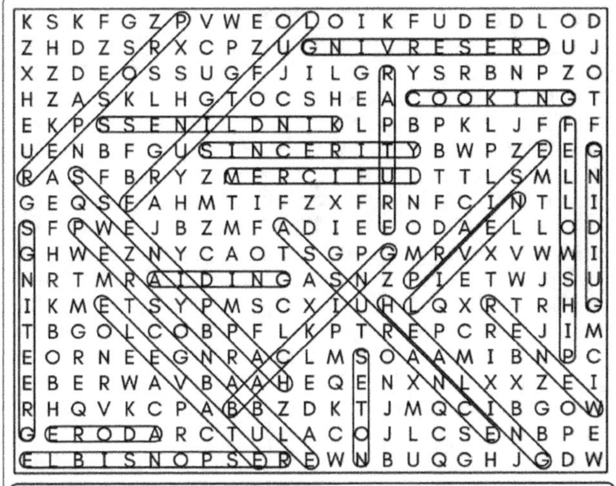

| | | |
|---|---|---|
| ELEVATE | GUIDING | LIVEN |
| ADORE | AIDING | NOTES |
| FELLOWSHIP | COOKING | MERCIFUL |
| RAPTURE | PERSONABLE | RENEW |
| ASSURANCE | PROSPER | HEALING |
| GREETINGS | PRAISE | SINCERITY |
| FRUITFUL | HAPPINESS | PRESERVING |
| KINDLINESS | BACKING | RESPONSIBLE |

## Puzzle # 3

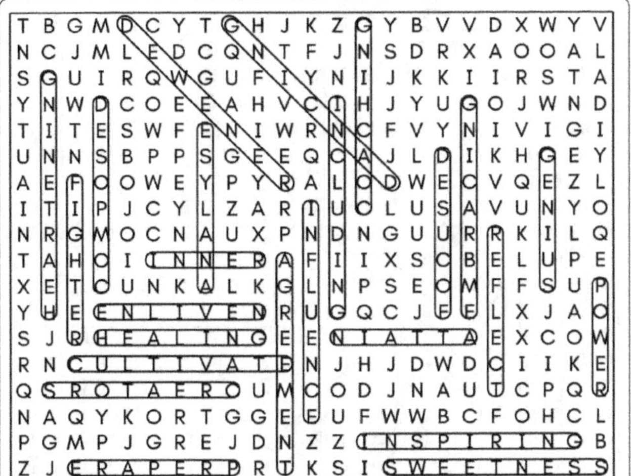

| | | |
|---|---|---|
| GENIUS | ENLIVEN | ANALYSE |
| SWEETNESS | HEALING | ATTAIN |
| INFLUENCE | COACHING | INSPIRING |
| COMPOSED | INCLUDING | CREATORS |
| REFLECT | AGREEMENT | DANCING |
| POWER | HEARTENING | EMBRACING |
| FOCUSED | CULTIVATE | INNER |
| FIGHTER | RENEWED | PREPARE |

## Puzzle # 4

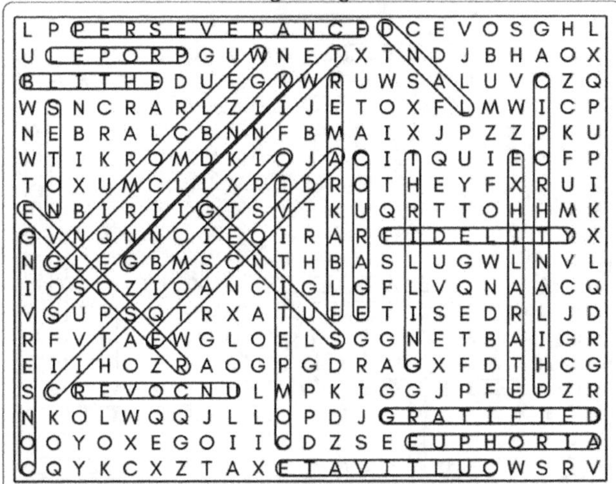

| | | |
|---|---|---|
| GENIUS | THRILLING | TWINKLING |
| EUPHORIA | BLITHE | LAND |
| COURAGE | KINDLINESS | UNCOVER |
| CULTIVATE | ADVOCATE | RESOLVE |
| COMPETITIVE | EXHILARATE | FIDELITY |
| REMARKABLE | GRATIFIED | PHILANTHROPIC |
| NOTES | PROPEL | PERSEVERANCE |
| OPTIMISTIC | WELCOMING | CONSERVING |

# Puzzle # 5

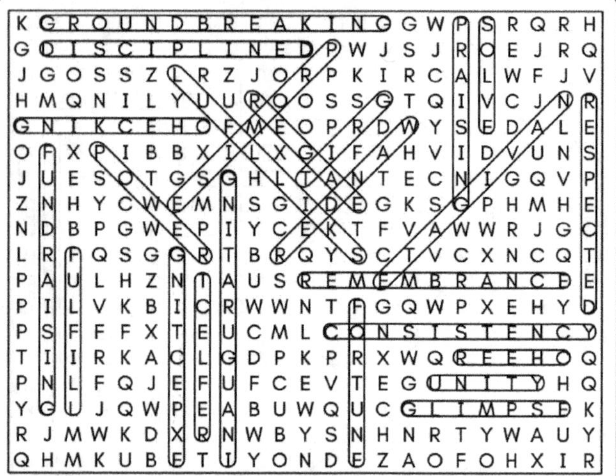

| FULFILL | GRIT | PROMISE |
|---------|------|---------|
| WANDER | CHECKING | EXPECTING |
| CONSISTENCY | FUNDRAISING | GROUNDBREAKING |
| SOLVE | RESPECTED | GLIMPSE |
| REFLECT | CHEER | EAGER |
| FORTUNE | UNITY | PRAISING |
| POWER | REMEMBRANCE | INAUGURATING |
| NAVIGATE | SKILLFUL | DISCIPLINED |

# Puzzle # 6

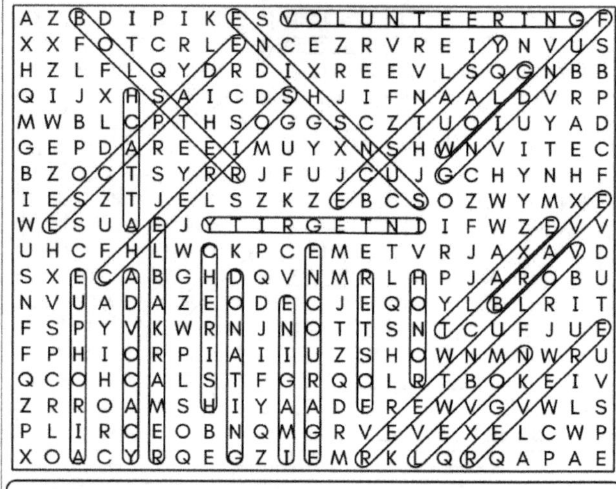

| ENCOURAGE | NOVEL | BOLSTER |
|-----------|-------|---------|
| CHERISH | CHEERIOS | REVERE |
| ESCAPADE | VOLUNTEERING | REMARKABLE |
| ECSTASY | FUNDING | BRAVE |
| EXALT | GLOW | INTEGRITY |
| FOSTER | HONOR | DONATING |
| IMAGINE | EUPHORIA | ADVOCACY |
| ATTACH | SUNSHINE | VOLUNTEER |

# Puzzle # 7

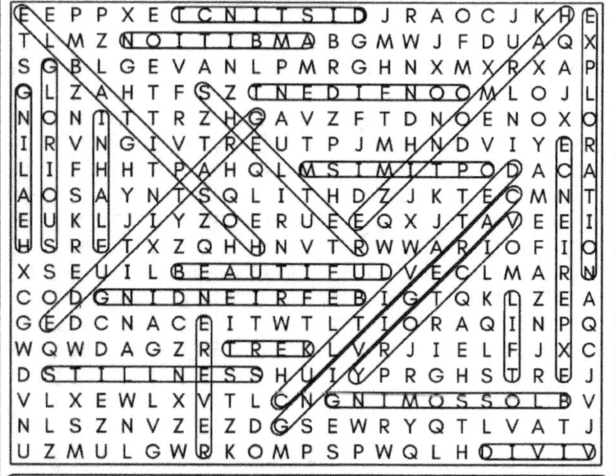

| HOSPITABLE | INHALE | LIFT |
|------------|--------|------|
| TREK | HEALING | CONFIDENT |
| HARMONIZE | SHELTER | VICTORY |
| GRATITUDE | BEAUTIFUL | BLOSSOMING |
| OPTIMISM | EXPLORATION | DISTINCT |
| AMBITION | EXPERIENCE | BEFRIENDING |
| VIVID | STILLNESS | CAREGIVING |
| GLORIOUS | REVERE | CULTIVATED |

# Puzzle # 8

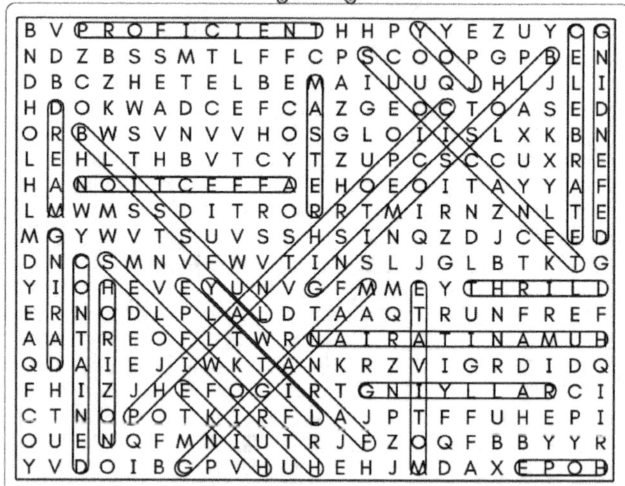

| MOTIVATE | DARING | PROFICIENT |
|----------|--------|------------|
| HOPE | CONTAINED | HORIZON |
| JOY | DEFENDING | RALLYING |
| AFFECTION | HUMANITARIAN | BLOSSOMING |
| THRILL | CELEBRATE | TENACIOUS |
| LITTLE | DREAM | PHILANTHROPIC |
| MASTER | BLISSFUL | SELFWORTH |
| FARAWAY | HIKE | MANAGING |

## Puzzle # 9

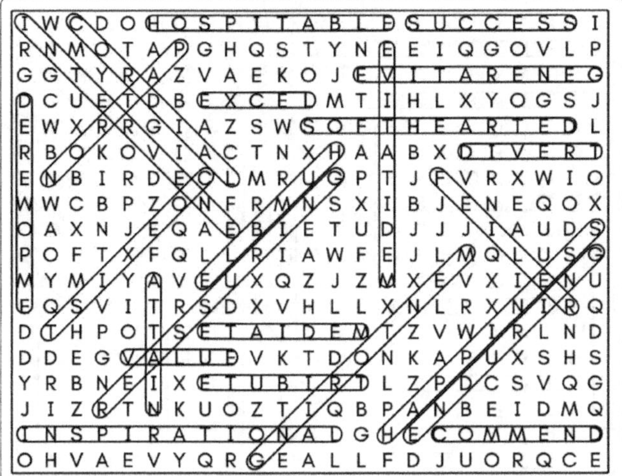

| | | |
|---|---|---|
| VALUE | PATRON | SUCCESS |
| MEDIATE | RELIEF | EMPOWERED |
| HAPPINESS | DIVERT | ATTAIN |
| TRIBUTE | MENTORING | INSPIRATIONAL |
| EXCEL | HOSPITABLE | REASSURING |
| CORDIAL | COEXIST | MEDITATIVE |
| GENERATIVE | COMMEND | SOFTHEARTED |
| ENDURING | HUMBLE | INTERVENE |

## Puzzle # 10

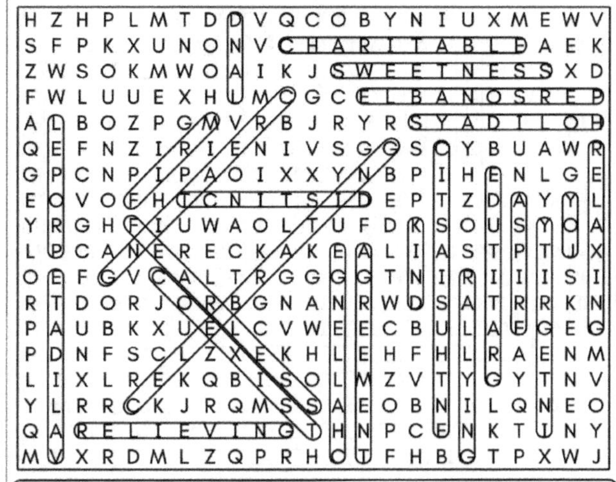

| | | |
|---|---|---|
| VALIDATE | INTEGRITY | CHALLENGE |
| KIND | RELAXING | LAND |
| COEXIST | CELEBRATING | HOLIDAYS |
| SWEETNESS | CREATING | FIRM |
| PROPEL | JOY | CHARITABLE |
| ASPIRE | AGREEMENT | DISTINCT |
| RALLYING | ENTHUSIASTIC | RELIEVING |
| FEARLESS | GRATITUDE | PERSONABLE |

## Puzzle # 11

| | | |
|---|---|---|
| THRIVE | VIVACIOUS | SHINY |
| EUPHORIA | LOVER | SPOTLIGHT |
| SPUR | VOLUNTEERING | AIMING |
| ILLUMINATE | VALUING | AUSPICIOUS |
| GLOSSY | PILGRIMAGE | HEROIC |
| LUMINARY | CHALLENGE | HELPING |
| TOKENS | EXCITABLE | EMPATHIZING |
| RUE | TWINKLE | FUNDING |

## Puzzle # 12

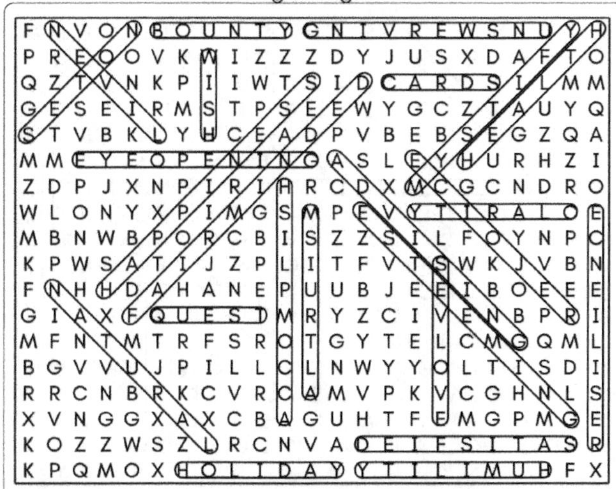

| | | |
|---|---|---|
| REJOICE | EYE-OPENING | WISH |
| SATISFIED | EVOLVES | MYSTIFY |
| QUEST | RESILIENCE | NOTES |
| BOUNTY | ADVISING | HOLIDAY |
| NATURAL | CLARITY | UNSWERVING |
| LIVEN | ALTRUISM | HEALTH |
| ACCOMPLISH | HAPPINESS | HUMILITY |
| CARDS | ESTEEMING | FAIR-MINDED |

# Puzzle # 13

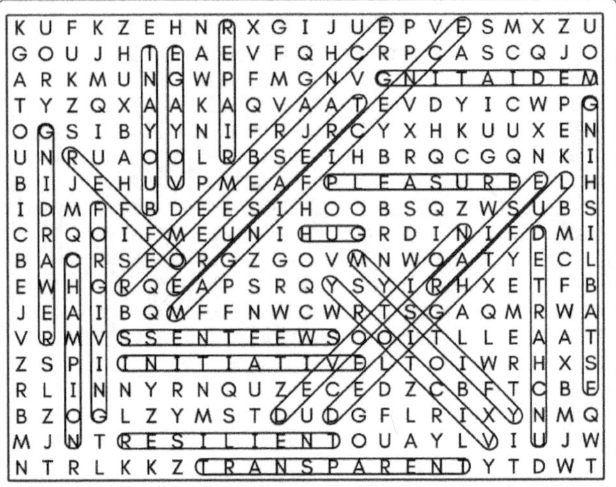

| | | |
|---|---|---|
| TREASURE | MYSTIFY | REMEMBRANCE |
| DEVOTION | UNCHARTED | CHAMPION |
| VOYAGE | MEDIATING | RESILIENT |
| DELIGHTFUL | OFFER | INITIATIVE |
| RAISE | BUOYANT | VICTORY |
| REWARDING | FORGIVING | MAGNIFICENCE |
| HUG | PLEASURE | ESTABLISHING |
| TRANSPARENT | SWEETNESS | REPAIR |

# Puzzle # 14

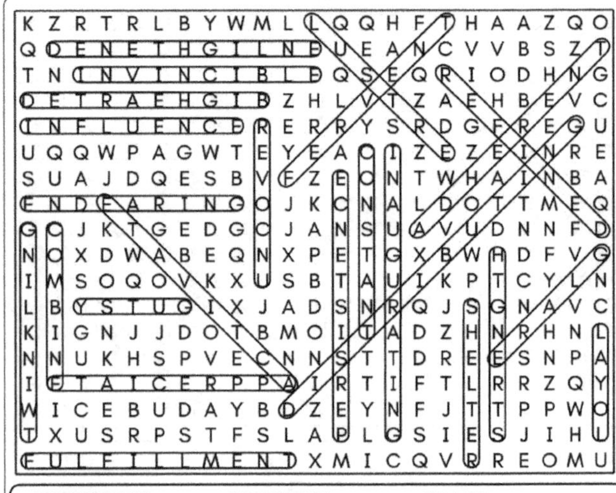

| | | |
|---|---|---|
| APPRECIATE | ADHERENT | GLARE |
| ENDEARING | STRENGTH | UNCOVER |
| INFLUENCE | INAUGURATING | INVINCIBLE |
| PERSISTENCE | DISTRIBUTING | CONSTANT |
| LUSTRE | BIG-HEARTED | FULFILLMENT |
| TWINKLING | ACTIVATE | SHELTER |
| GUTSY | ENLIGHTENED | COMBINE |
| LOYAL | FERVENT | REFINED |

# Puzzle # 15

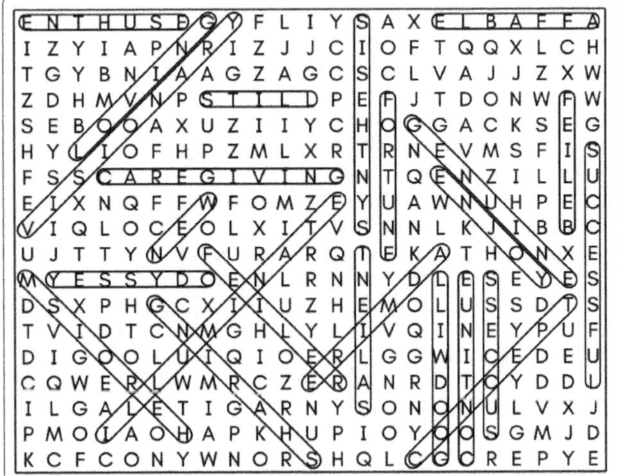

| | | |
|---|---|---|
| GOODWILL | CONCEPT | VISIONARY |
| GENUINE | RELIEF | ILLUMINATE |
| ENTHUSE | CAREGIVING | SUCCESSFUL |
| SYNTHESIS | SALIENT | NEW |
| SUCCESS | LOVING | STILL |
| BELIEF | ODYSSEY | SHARING |
| FORTUNE | ENJOY | HEROISM |
| CONTINUE | ADMIRE | AFFABLE |

# Puzzle # 16

| | | |
|---|---|---|
| PROSPER | WISE | GLORIFY |
| HOPE | WHISPER | ADMIRE |
| SERENE | FURTHER | COMPETITIVE |
| HONOR | SERVICE | INITIATIVE |
| THRILL | LOVE | RALLYING |
| FORTIFY | DREAM | UNGAINLY |
| INFLUENCE | AMICABLE | DREAMS |
| JUVENATE | JOURNEY | SIMPLIFY |

## Puzzle # 17

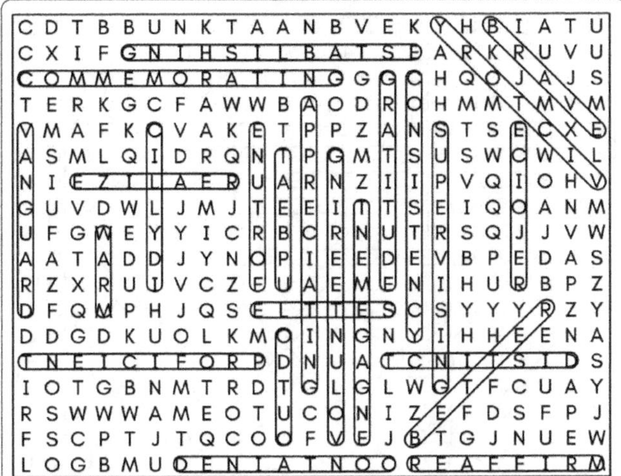

| | | |
|---|---|---|
| REJOICE | BETTER | VICTORY |
| CONSISTENCY | VOLUNTEERING | SETTLE |
| GRATITUDE | ENGAGEMENT | BRAVE |
| REAFFIRM | COMMEMORATING | CONTAINED |
| FORTUNE | UPBEAT | DISTINCT |
| OUTDO | IDYLLIC | APPRECIATING |
| WARM | REALIZE | ESTABLISHING |
| VANGUARD | PROFICIENT | SUPERVISING |

## Puzzle # 18

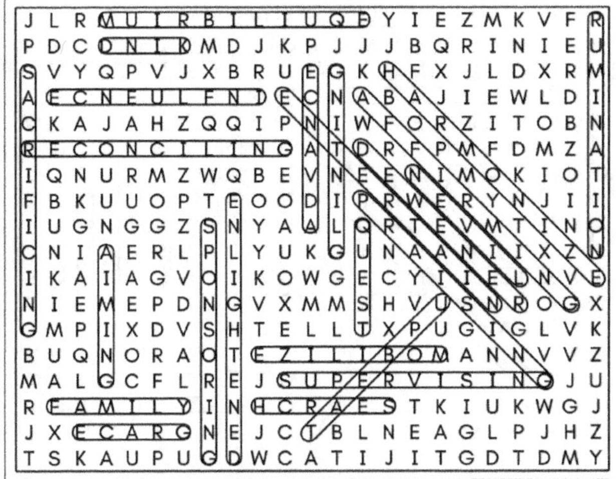

| | | |
|---|---|---|
| UPBEAT | ADVANCE | RENEWED |
| QUEST | SPONSORING | GLINTING |
| HARMONIZE | FAMILY | RUMINATION |
| GRACE | RECONCILING | AIMING |
| ENLIGHTENED | KIND | AFFIRMING |
| ENTERTAIN | EQUILIBRIUM | SACRIFICING |
| LIVEN | MOBILIZE | PRAISING |
| SEARCH | INFLUENCE | SUPERVISING |

## Puzzle # 19

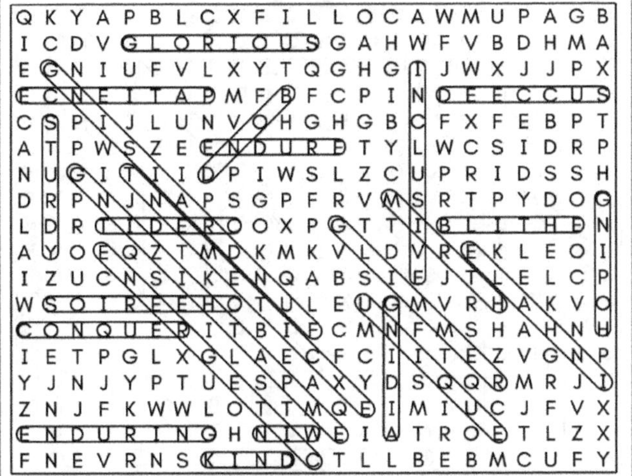

| | | |
|---|---|---|
| SUCCEED | INHALE | GLORIOUS |
| KIND | CHEERIOS | HOPING |
| MIRTH | EMPATHIZING | ENERGETIC |
| ENDURE | INCLUSIVE | BOND |
| GLIMMER | PATIENCE | BLITHE |
| CONQUER | EXCITEMENT | AIDING |
| ENDURING | CREDIT | FUNDRAISING |
| STURDY | WIN | UNIQUE |

## Puzzle # 20

| | | |
|---|---|---|
| CLARITY | CONNECTIONS | AIMING |
| HIKE | OVERCOMING | ASSURED |
| SOFTNESS | MOTIVATING | PERSIST |
| BEAMING | INFORMING | BABYSITTING |
| FOCUSED | ELATED | PERSEVERANCE |
| CONQUEROR | AGREEABILITY | TENACITY |
| GRANT | ENDOW | PREPARE |
| RESCUING | ENTHUSIAST | CULTIVATED |

## Puzzle # 21

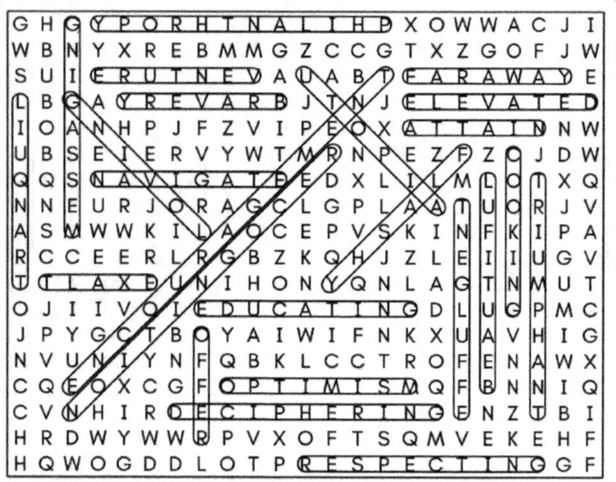

| TRANQUIL | RESPECTING | DECIPHERING |
| --- | --- | --- |
| LOVING | BRAVERY | ENCOURAGEMENT |
| TRIUMPHANT | COOKING | NAVIGATE |
| OPTIMISM | EDUCATING | UTOPIA |
| EFFULGENT | PHILANTHROPY | RECOGNITION |
| ELEVATED | VENTURE | MESSAGING |
| ATTAIN | EXALT | OFFER |
| FARAWAY | FLASHY | BEAUTIFUL |

## Puzzle # 22

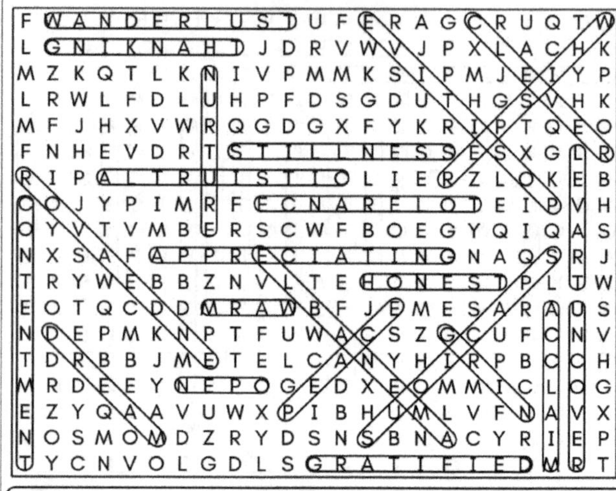

| DREAM | UNCOVER | NURTURE |
| --- | --- | --- |
| GRIN | HONEST | ALTRUISTIC |
| TRAVEL | APPRECIATING | ENDEAVOR |
| STILLNESS | TOLERANCE | WHISPER |
| GRATIFIED | PEACE | OPEN |
| ACCLAIM | POSITIVE | SPACIOUS |
| CLEVER | WANDERLUST | THANKING |
| WARM | CONTENTMENT | AMENABLE |

## Puzzle # 23

| UPLIFT | PRESENT | EMBOLDEN |
| --- | --- | --- |
| CLARITY | PACIFY | PROACTIVE |
| CHEERFUL | CONNECTIONS | SHEEN |
| BALANCE | RECONSTRUCTING | CONCLUDE |
| MOVE | BASK | VANGUARD |
| CUDDLE | BLISS | EASE |
| TRANSFORMATIVE | CARE | SACRIFICE |
| ASTOUND | ZEALOUS | EMPATHETIC |

## Puzzle # 24

| FULFILL | DURABLE | TWINKLING |
| --- | --- | --- |
| JOURNEY | CAPACITY | ASTOUND |
| EXPLORE | HELPING | CARDS |
| COMPETITIVE | DONATE | LOYAL |
| GLOAMING | FRIENDLY | EAGER |
| IMAGINE | DISCOVER | PERSIST |
| UNAFRAID | ENGAGE | MORALE |
| BEGINNINGS | MASTERY | ALLEVIATE |

# Puzzle # 25

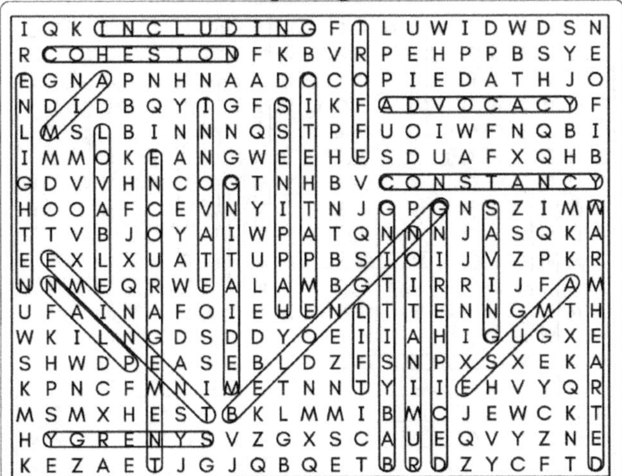

| | | |
|---|---|---|
| AMUSE | CONSTANCY | ENLIGHTEN |
| SYNERGY | BABYSITTING | RUMINATION |
| HAPPINESS | BELONGING | EMINENT |
| LIFT | INCLUDING | ENCOURAGEMENT |
| EFFORT | WARM-HEARTED | SAVING |
| PLAN | COHESION | MEDIATING |
| DECIPHERING | AIM | ADVOCACY |
| INNOVATE | LOVABLE | EMPATHETIC |

# Puzzle # 26

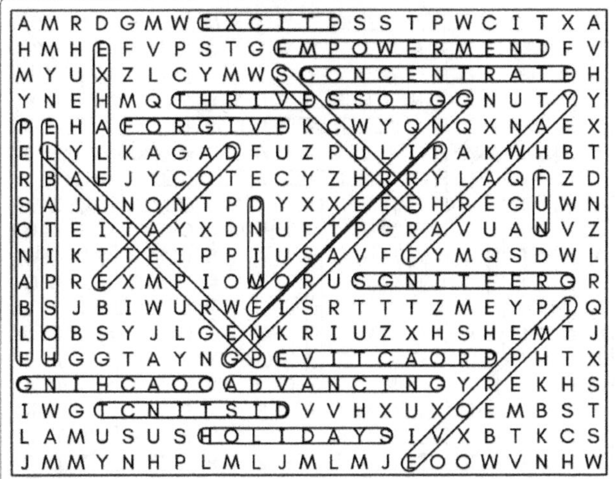

| | | |
|---|---|---|
| THRIVE | DISTINCT | MIND |
| HOSPITABLE | COACHING | HOLIDAYS |
| SECURE | PREPARING | PERPETUAL |
| PROACTIVE | FORGIVE | IMPROVE |
| CONCENTRATE | EXCITE | FOSTERING |
| GREETINGS | FUN | EMPOWERMENT |
| FARAWAY | ADVANCING | DONATE |
| EXHALE | GLOSS | PERSONABLE |

# Puzzle # 27

| | | |
|---|---|---|
| REFRESH | OUTBURST | PIONEER |
| CHARM | GREATER | MARVELLOUS |
| GRATEFUL | PURPOSE | APPROACH |
| SUPPORTIVE | SUSTENANCE | GRASP |
| LUMINARY | GIDDY | SOFTHEARTED |
| NEWS | QUEST | CHANTING |
| CONQUEROR | URGE | HUMANITARIAN |
| RELEASE | EFFORT | COOPERATE |

# Puzzle # 28

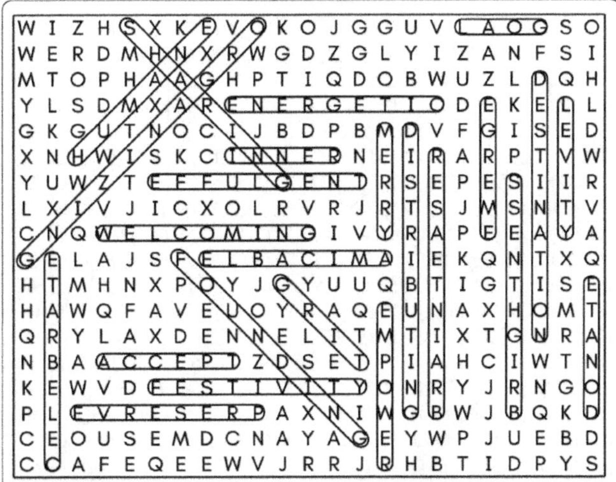

| | | |
|---|---|---|
| CELEBRATE | HUMANE | EFFULGENT |
| AMICABLE | INNER | DESTINATION |
| FESTIVITY | ACCEPT | GRIT |
| WELCOMING | PRESERVE | FOUNDING |
| BRAINTEASER | MERRY | SHARING |
| GOAL | LEVITY | ORGANIZING |
| ENERGETIC | EMPOWER | DONATE |
| EMERGE | BRIGHTNESS | DISTRIBUTING |

# Puzzle # 29

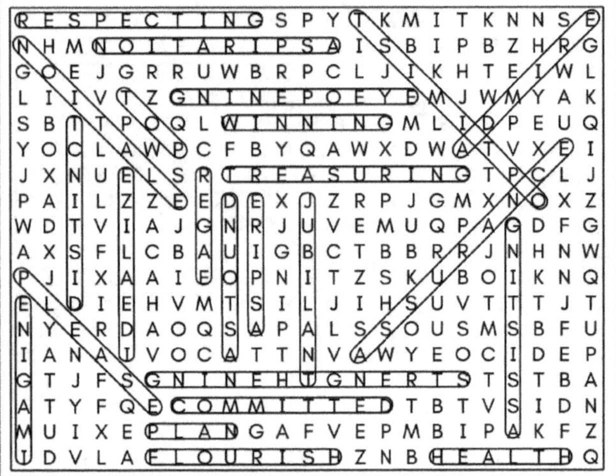

| | | |
|---|---|---|
| FLOURISH | EYE-OPENING | OPTIMIST |
| WINNING | ASPIRATION | PLAN |
| ADMIRE | RESPECTING | ASTOUND |
| TREASURING | ASSISTING | IDEALIZE |
| COMMITTED | JUBILANT | EAGER |
| ASSURANCE | ELATION | DISTINCT |
| IMAGINE | PLEASE | HEALTH |
| TOP | ASPIRE | STRENGTHENING |

# Puzzle # 30

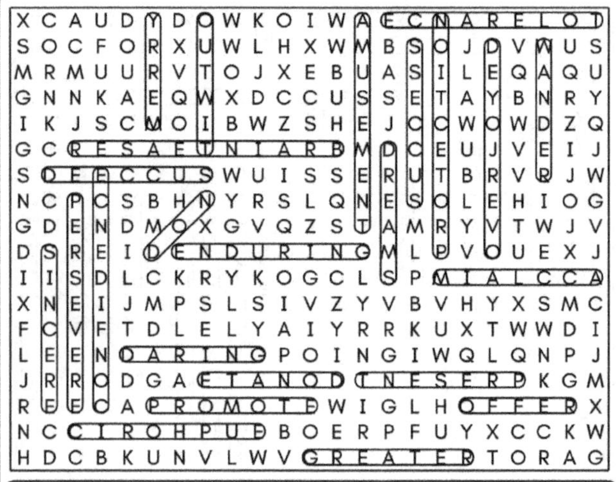

| | | |
|---|---|---|
| SUCCEED | GREATER | SINCERE |
| EUPHORIC | DREAMS | OUTWIT |
| WANDER | NOD | PRESENT |
| OVERJOYED | OFFER | DARING |
| ACCLAIM | PERSEVERE | CONFIDENCE |
| SUCCESS | MERRY | PROTECTION |
| BRAINTEASER | AMUSEMENT | DONATE |
| ENDURING | PROMOTE | TOLERANCE |

# Puzzle # 31

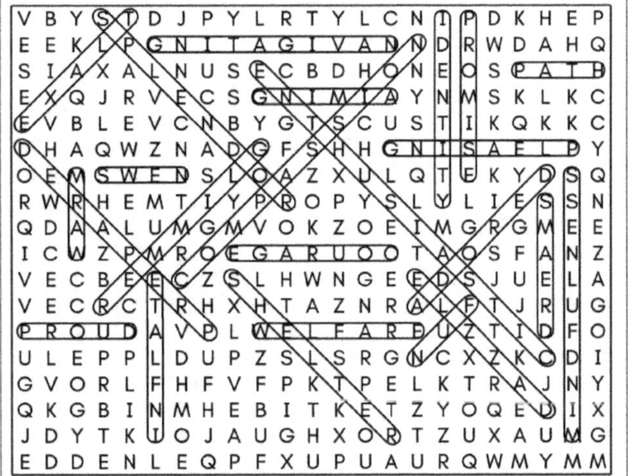

| | | |
|---|---|---|
| PLEASING | AIMING | GLIMMER |
| FUN | MINDFULNESS | PROUD |
| EXALT | WELFARE | PATH |
| INFLATE | NAVIGATING | NEWS |
| DAZZLE | COMPASSION | IDENTITY |
| PROMISE | ENTHUSIASTIC | SHELTER |
| SPLENDOR | COURAGE | DREAMS |
| WARM | PREPARED | ADORED |

# Puzzle # 32

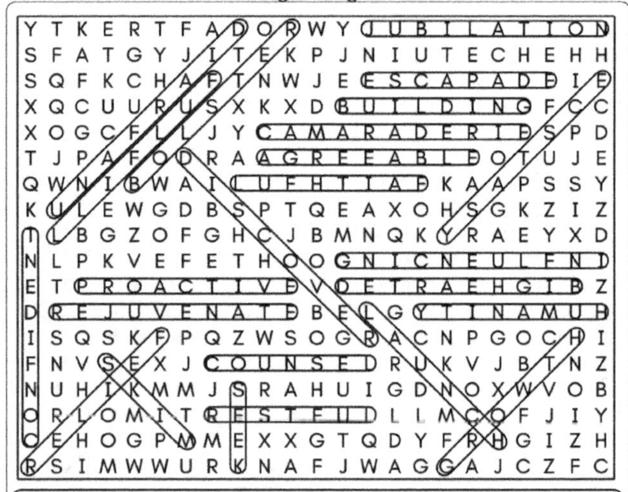

| | | |
|---|---|---|
| FULFILL | UNAFRAID | ECSTASY |
| AGREEABLE | LAUNCH | COUNSEL |
| BIG-HEARTED | RELIEF | CONFIDENT |
| ESCAPADE | INFLUENCING | PROACTIVE |
| JUBILATION | REJUVENATE | SEEK |
| BOLSTER | HUMANITY | RESTFUL |
| FAITHFUL | DISCOVER | CAMARADERIE |
| GROWTH | SKIM | BUILDING |

# Puzzle # 33

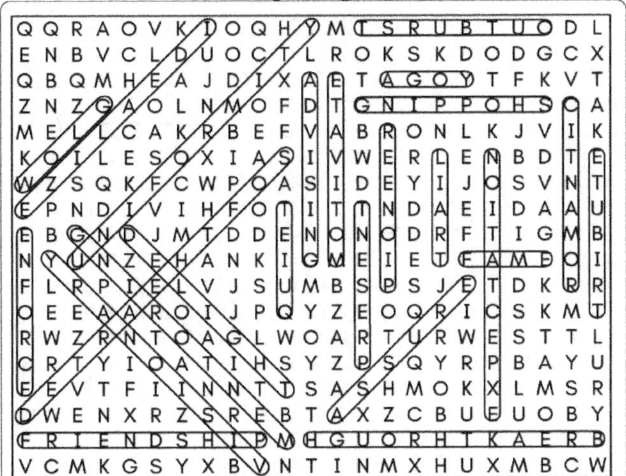

| MOTIVATE | BREAKTHROUGH | VISIONARY |
| --- | --- | --- |
| DELIGHT | YOGA | FAME |
| UNIFORMITY | SOFTHEARTED | TRAIL |
| TRIBUTE | ADVISING | IDEALIZE |
| ROMANTIC | GLOW | ASSURE |
| EXPECTATION | FRIENDSHIP | OUTBURST |
| PIONEER | QUIET | MENTORING |
| PRESENT | ENFORCE | SHOPPING |

# Puzzle # 34

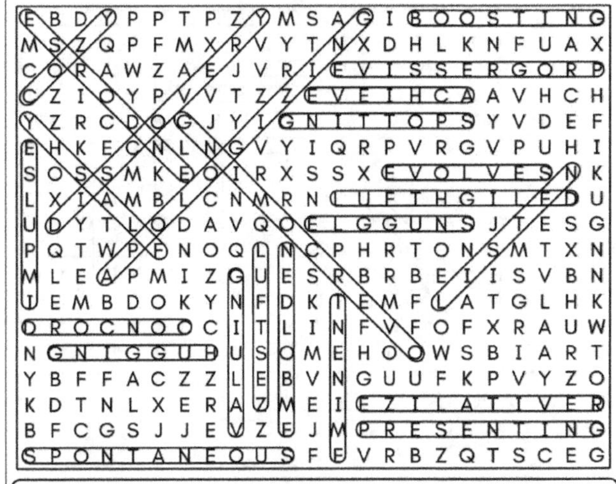

| ACHIEVE | APOLOGIZING | DISCOVERY |
| --- | --- | --- |
| CONCORD | PRESENTING | PROGRESSIVE |
| REVITALIZE | OVERCOMING | IMPULSE |
| EMBOLDEN | SPOTTING | EVOLVES |
| FLASHY | COZY | BOOSTING |
| EMINENT | DELIGHTFUL | VALUING |
| SNUGGLE | ENDORSE | HUGGING |
| SPONTANEOUS | ZESTFUL | LISTEN |

# Puzzle # 35

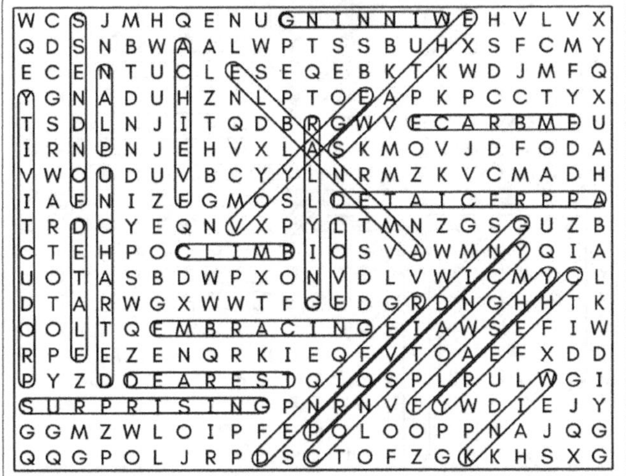

| ACHIEVE | CONSTANCY | FLASHY |
| --- | --- | --- |
| LOVE | WINK | PLAN |
| WINNING | PROVIDING | RALLYING |
| CLIMB | AMENABLE | UNCHARTED |
| FONDNESS | EMBRACE | EMBRACING |
| SWATHE | ELATED | SURPRISING |
| PRODUCTIVITY | VOYAGE | APPRECIATED |
| CHEERY | DEAREST | REFINED |

# Puzzle # 36

| GRIN | DONATING | CONQUER |
| --- | --- | --- |
| AIM | HUMILITY | BEGINNINGS |
| FACILITATE | SERVICE | WIELD |
| EXCITABLE | COOKING | BENEVOLENT |
| ASCEND | CONSISTENCY | WELLNESS |
| VIVACIOUS | URGE | CAREGIVING |
| FOUNDING | BOLDNESS | ENDURANCE |
| CLARIFY | GLAMOROUS | IMPROVISING |

## Puzzle # 37

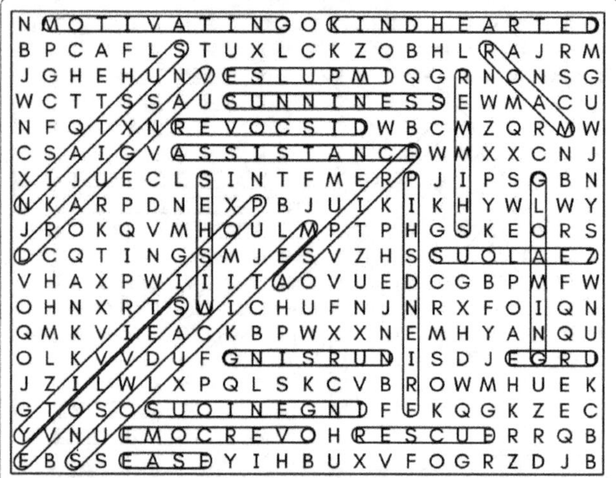

| | | |
|---|---|---|
| POSITIVITY | SUSTAIN | INGENIOUS |
| DISCOVER | KIND-HEARTED | GLOAMING |
| FRIENDSHIP | ASSISTANCE | IMPULSE |
| ASPIRE | NURSING | VANGUARD |
| SUNNINESS | OVERCOME | EASE |
| SHIMMER | ROAM | EVOLVES |
| WISHES | ZEALOUS | RESCUE |
| METICULOUS | URGE | MOTIVATING |

## Puzzle # 38

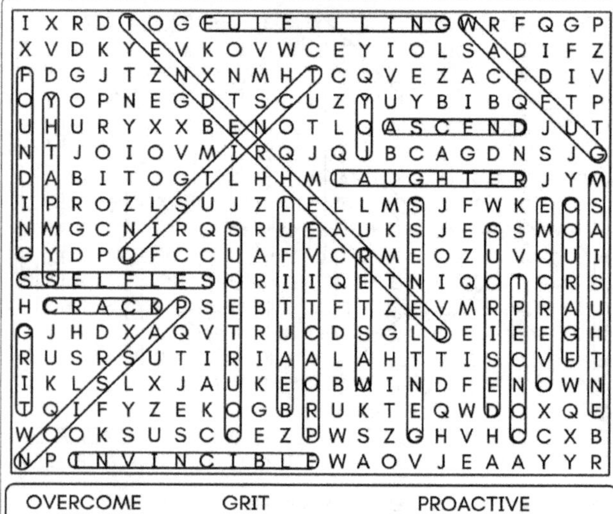

| | | |
|---|---|---|
| OVERCOME | GRIT | PROACTIVE |
| COURTEOUS | FOUNDING | CRACK |
| GENTLENESS | DISTINCT | MASTER |
| LAUGHTER | BEAUTIFUL | INVINCIBLE |
| FULFILLING | PASSION | CONCEPT |
| ENTHUSIASM | JOY | GUFFAW |
| ASCEND | SELFLESS | SYMPATHY |
| DESIROUS | COURAGE | TENDER-HEARTED |

## Puzzle # 39

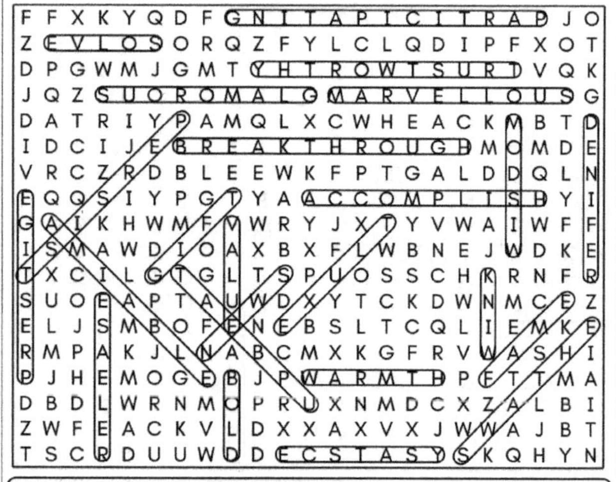

| | | |
|---|---|---|
| VALUE | ECSTASY | PRESTIGE |
| RELEASE | WISDOM | BOLD |
| FAME | GIFT | UPBEAT |
| SOLVE | NEWS | PERSIST |
| EXULT | SWATHE | MARVELLOUS |
| PARTICIPATING | WARMTH | GLAMOROUS |
| BREAKTHROUGH | WINK | AMIABLE |
| ACCOMPLISH | TRUSTWORTHY | REFINED |

## Puzzle # 40

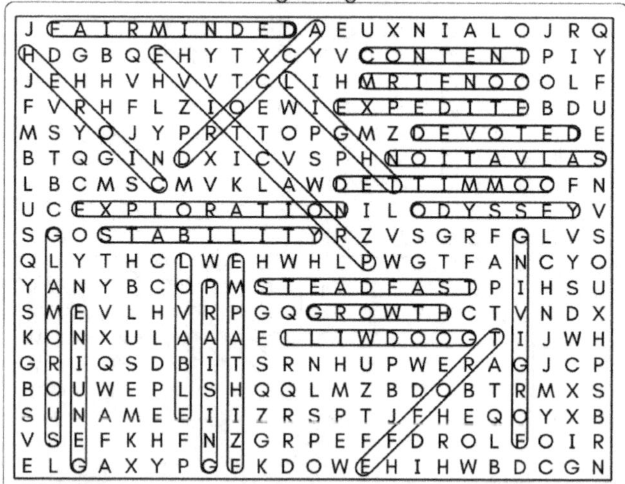

| | | |
|---|---|---|
| CONTENT | STEADFAST | COMMITTED |
| FORGIVING | DEVOTED | PROACTIVE |
| EXPLORATION | SALVATION | LIGHT |
| ACCORD | EMPATHIZE | EXPEDITE |
| LOVABLE | GOODWILL | HEROIC |
| GROWTH | GENUINE | CONFIRM |
| EFFORT | ODYSSEY | PRAISING |
| GLAMOROUS | STABILITY | FAIR-MINDED |

## Puzzle # 41

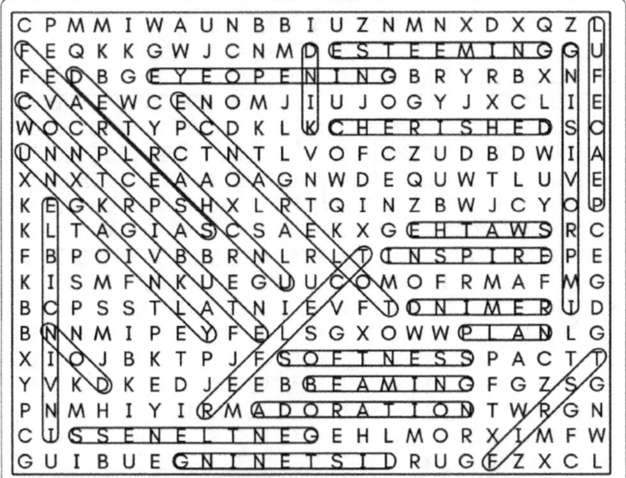

| | | |
|---|---|---|
| INSPIRE | EYE-OPENING | BEAMING |
| ADORATION | IMPROVISING | FEARLESS |
| GENTLENESS | REMIND | UNCHARTED |
| ESTEEMING | TOLERANCE | UNGAINLY |
| SWATHE | PEACEFUL | LISTENING |
| PLAN | KIND | NOD |
| INVINCIBLE | SOFTNESS | CONTRIBUTE |
| FIRST | REFLECT | CHERISHED |

## Puzzle # 42

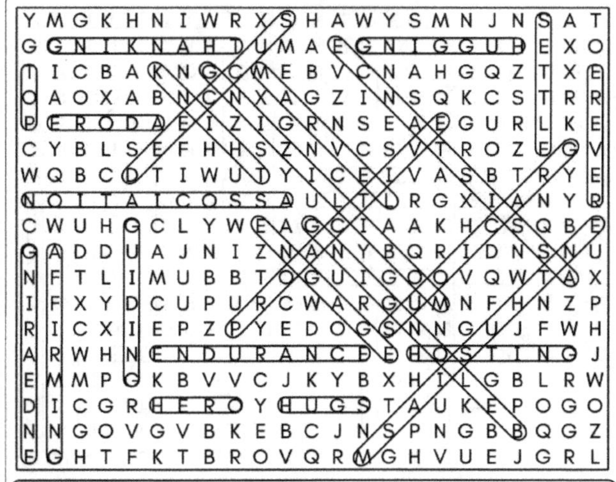

| | | |
|---|---|---|
| SUCCEED | BELONGING | THINK |
| GRACIOUS | ENDURANCE | SETTLE |
| MARVEL | HUGGING | HERO |
| ENGAGE | ASSOCIATION | AFFIRMING |
| ENTHUSIASM | ADORE | ASSISTANCE |
| TOP | ENDEARING | THANKING |
| HUGS | REVERE | HOSTING |
| GUIDING | PROACTIVE | MOBILIZING |

## Puzzle # 43

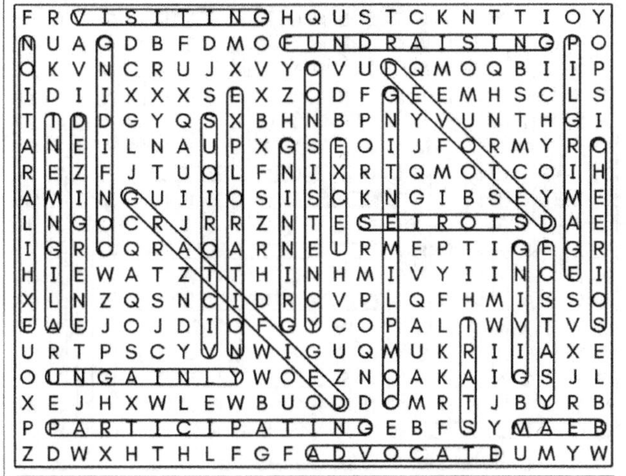

| | | |
|---|---|---|
| BEAM | GRINNING | EXCEL |
| PILGRIMAGE | VISITING | STORIES |
| ALIGNMENT | COMPLIMENTING | UNGAINLY |
| ECSTASY | CONFIDING | CHEERIOS |
| VICTORIOUS | EXPLORATION | GIVING |
| ENERGIZED | CONSISTENCY | PARTICIPATING |
| START | EXHILARATION | FUNDRAISING |
| DEVOTED | GRATIFIED | ADVOCATE |

## Puzzle # 44

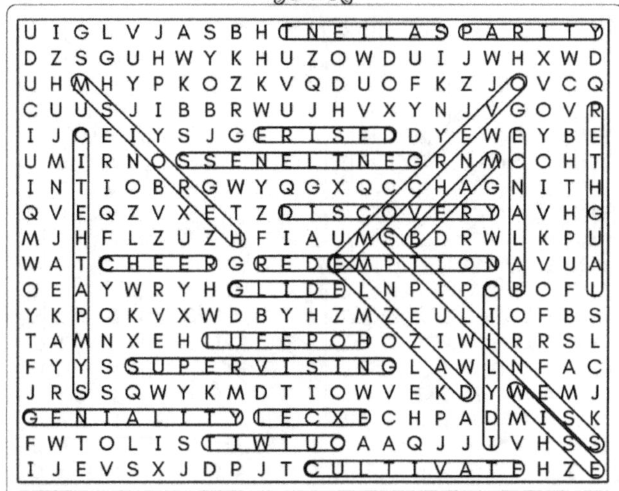

| | | |
|---|---|---|
| CHEER | DISCOVERY | LAUGHTER |
| BEAM | GENIALITY | CULTIVATE |
| SYMPATHETIC | REDEMPTION | OUTWIT |
| BALANCE | SALIENT | DESIRE |
| IDYLLIC | OVERCOME | WISE |
| EXCEL | GENTLENESS | PARITY |
| HOPEFUL | GLIDE | HEROISM |
| DAZZLE | STILLNESS | SUPERVISING |

## Puzzle # 45

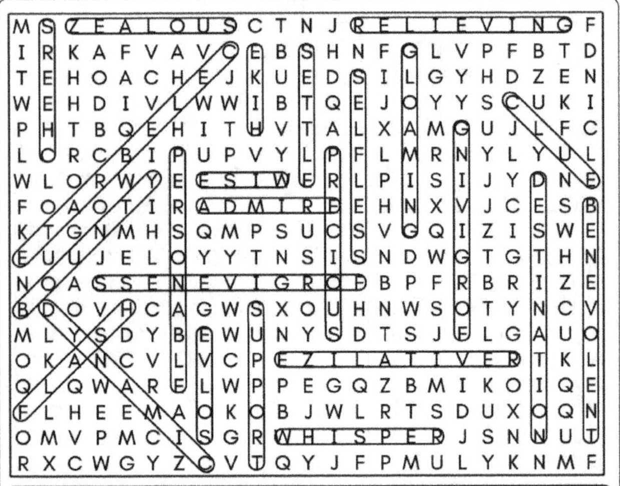

| | | |
|---|---|---|
| SUPPORT | WISE | BOUNTY |
| FORGIVING | WHISPER | DYNAMIC |
| HIKE | BENEVOLENT | SOLVE |
| REVITALIZE | RELIEVING | GLOAMING |
| PRECIOUS | CELEBRATE | SETTLE |
| CHEERS | SELFLESS | DESTINATION |
| CLUE | ZEALOUS | FORGIVENESS |
| FLASH | ADMIRE | PERSONABLE |

## Puzzle # 46

| | | |
|---|---|---|
| REJOICE | SKILLED | BONDING |
| TRIP | CONFIDENCE | SOLVE |
| TRANQUILITY | PROTECTION | UTOPIA |
| NURTURE | IMPROVISING | INVINCIBLE |
| ADVISE | CELEBRATE | ENLIVEN |
| ENERGIZED | SKIM | ADVOCACY |
| NATION | EUPHORIA | NURSING |
| CREATE | PLEASE | ADMINISTERING |

## Puzzle # 47

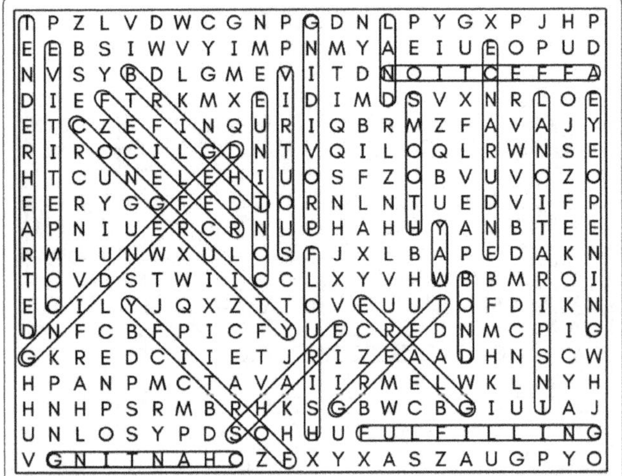

| | | |
|---|---|---|
| FLOURISH | RELIEF | CONTINUE |
| AFFECTION | DEFENDING | LAND |
| CONGRUITY | GREET | VIRTUOUS |
| FULFILLING | PROVIDING | BOND |
| GLARE | BRIGHT | CHANTING |
| WAY | SMOOTH | ENDURANCE |
| INSPIRATIONAL | FORTIFY | SHARE |
| EYE-OPENING | COMPETITIVE | TENDER-HEARTED |

## Puzzle # 48

| | | |
|---|---|---|
| ENERGIZE | CONQUEROR | VIBRANT |
| APPRECIATE | CLARIFY | UNAFRAID |
| KIND | THANKING | RESPECT |
| BELOVED | RECONCILING | RUTHLESS |
| REVITALIZE | TRIUMPH | OPPORTUNITY |
| BRIGHTER | PATIENCE | DIVERT |
| PIONEER | ALTRUISM | PREPARING |
| GUTSY | ODYSSEY | EDUCATING |

## Puzzle # 49

| | | |
|---|---|---|
| RELAXED | BABYSITTING | EFFORT |
| GENEROUS | MINDFULNESS | WISH |
| SOFTNESS | ACCOMPANY | THRILLING |
| MOBILIZE | FACILITATING | AFFIRMING |
| AID | WINNING | RECOGNITION |
| ENIGMA | ROAM | FAMILY |
| DARING | GLORY | INCLUSIVE |
| VANGUARD | CREDIT | MOBILIZING |

## Puzzle # 50

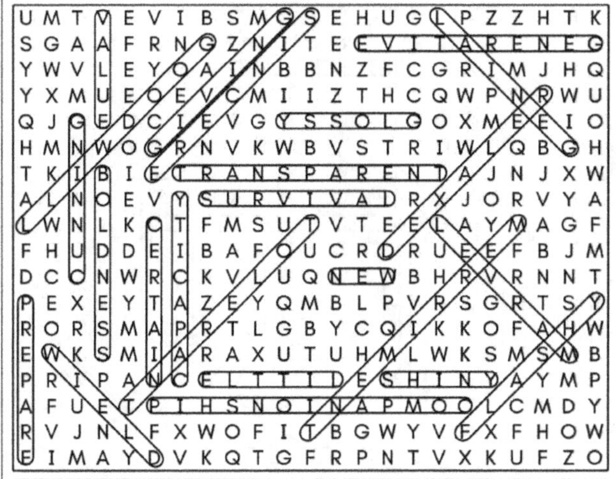

| | | |
|---|---|---|
| VALUE | WIELD | FLASHY |
| GOODWILL | CAPACITY | TRANSPARENT |
| MERRIMENT | SURVIVAL | CUNNING |
| BOLDNESS | PREPARE | NEW |
| GLOSSY | RELAXED | GIVING |
| SHINY | MARVEL | TOLERANT |
| GENERATIVE | SINCERE | COMPANIONSHIP |
| CERTAIN | LITTLE | GENIAL |

## Puzzle # 51

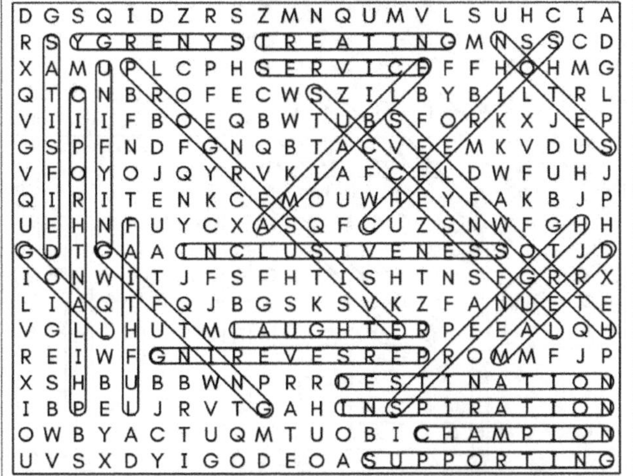

| | | |
|---|---|---|
| DREAM | PHILANTHROPIC | PERSEVERING |
| AMIABLE | SELFWORTH | SUCCESSFUL |
| SYNERGY | INSPIRATION | NOTES |
| CHAMPION | UNIFYING | CHEERIOS |
| FAITHFUL | SATISFIED | GIFTING |
| GOAL | SUPPORTING | STRENGTH |
| PROGRESSIVE | LAUGHTER | SERVICE |
| DESTINATION | INCLUSIVENESS | TREATING |

## Puzzle # 52

| | | |
|---|---|---|
| SUPPORT | BLOOM | GUIDE |
| EMBRACE | PROTECTING | VICTORY |
| THOUGHTFUL | RECOGNITION | WISHES |
| RELISH | VALIDATING | CERTAIN |
| ACTIVATE | EXUDE | SHELTERING |
| PROMISE | GENTLENESS | BEFRIENDING |
| LAND | GLORY | SHELTER |
| HOLIDAY | COURAGE | CALLING |

## Puzzle # 53

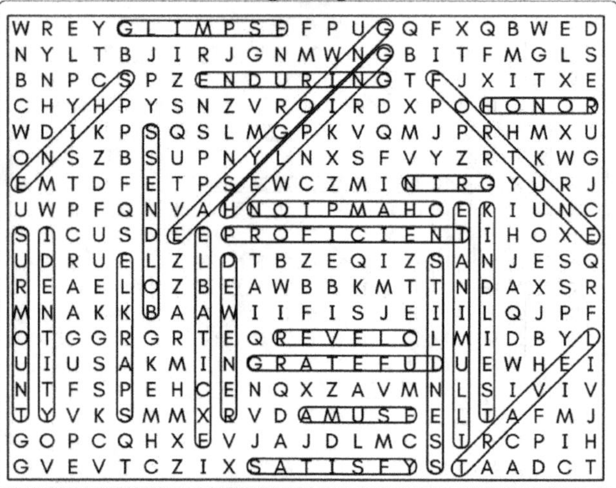

| SHINE | SPARKLE | CHAMPION |
|---|---|---|
| AMUSE | GLIMPSE | CLEVER |
| HONOR | EASYGOING | BOLDNESS |
| STILLNESS | HELPING | ILLUMINATE |
| GRATEFUL | GRIN | FORTUNE |
| RENEWED | KINDLIEST | ENDURING |
| PROFICIENT | TRAVEL | SATISFY |
| EXCITABLE | SURMOUNT | IDENTITY |

## Puzzle # 54

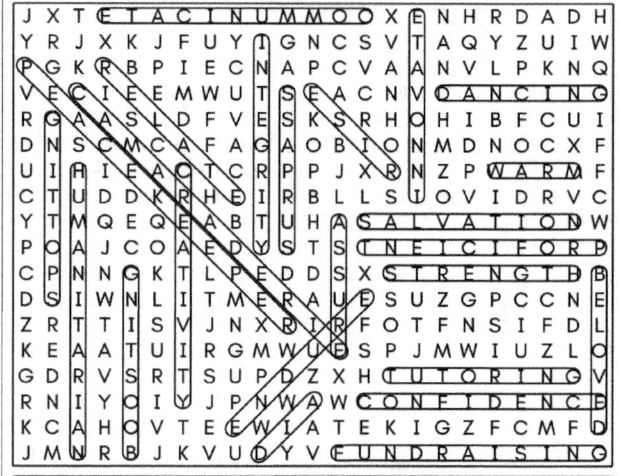

| CREATIVITY | CONFIDENCE | WARM |
|---|---|---|
| BELOVED | HUMANITARIAN | ASSURE |
| ENDURE | CAMARADERIE | DANCING |
| SURPASS | FUNDRAISING | TUTORING |
| INNOVATE | RELATE | STRENGTH |
| INTEGRITY | AID | SALVATION |
| PEACEKEEPER | PROFICIENT | SPOTTING |
| BOOSTING | RISE | COMMUNICATE |

## Puzzle # 55

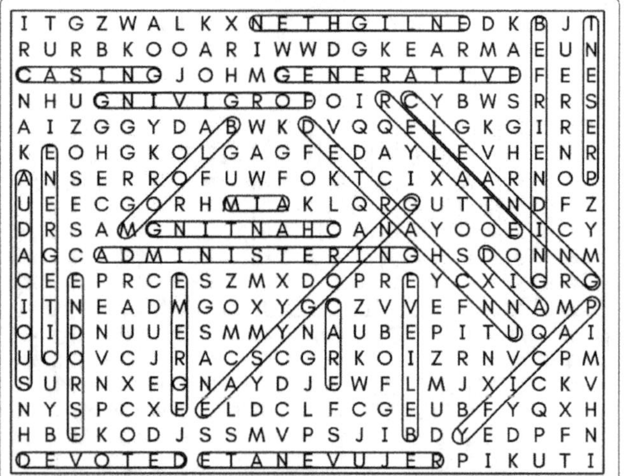

| BELIEVE | DEVOTED | GENERATIVE |
|---|---|---|
| CARE | PACIFY | AUDACIOUS |
| RELATE | CHANTING | UNCHARTED |
| AID | CASING | EMERGE |
| ENLIGHTEN | REJUVENATE | EASYGOING |
| PRESENT | FORGIVING | BEFRIENDING |
| ENERGETIC | AIM | CLEANING |
| BLOOM | ENDORSE | ADMINISTERING |

## Puzzle # 56

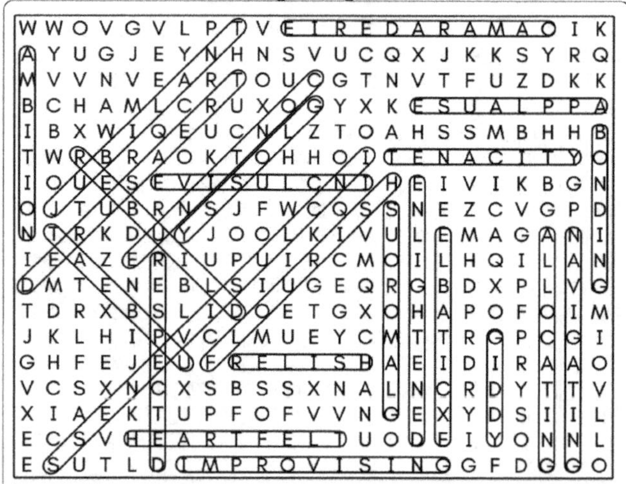

| FLOURISH | TENACITY | INCLUSIVENESS |
|---|---|---|
| GIDDY | IMPROVISING | EXCITABLE |
| HEARTFELT | INCLUSIVE | GLAMOROUS |
| RELISH | ALLOCATING | CONTINUE |
| BONDING | JUBILANT | CAMARADERIE |
| ENLIGHTENED | UPBEAT | APPLAUSE |
| GLOSSY | TREASURED | NAVIGATING |
| REBUILD | AMBITION | RESPECTED |

# Puzzle # 57

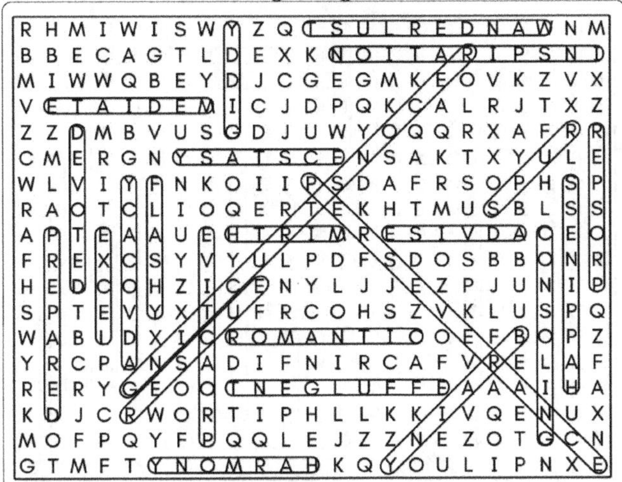

| | | |
|---|---|---|
| PROSPER | EFFULGENT | SPUR |
| GIDDY | CONSOLING | ROMANTIC |
| MEDIATE | RESCUE | PREPARED |
| ECSTASY | INSPIRATION | FLASHY |
| EXCEL | HARMONY | DEVOTED |
| ADVISE | WANDERLUST | ADVOCACY |
| PROACTIVE | HAPPINESS | PERSEVERANCE |
| BRAINY | MIRTH | RECONSTRUCTING |

# Puzzle # 58

| | | |
|---|---|---|
| OVERCOME | CONTAINED | HORIZON |
| COZY | GUFFAW | WORTHY |
| LIGHTEN | CHECKING | RELIABLE |
| HELP | ASSOCIATION | RELIEF |
| GLIMMER | SATISFIED | GRASP |
| WAY | AGREEMENT | WELLNESS |
| TRUE | REWARDING | SPOTTING |
| PACIFY | BRIGHTNESS | VOLUNTEER |

# Puzzle # 59

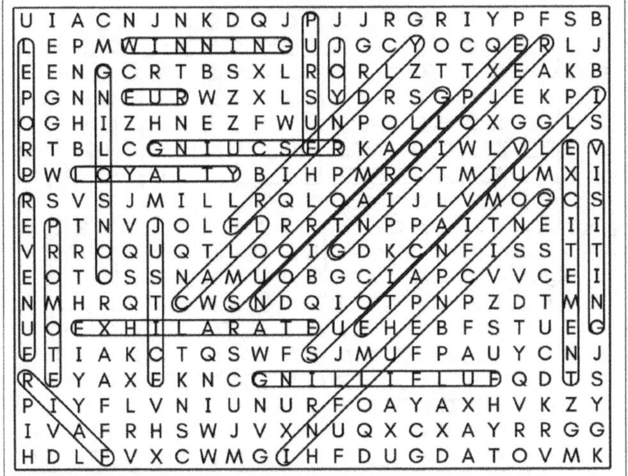

| | | |
|---|---|---|
| EXHILARATE | RUE | PROPEL |
| WINNING | RESCUING | LOYALTY |
| EXPLORATION | CONSOLING | GLAMOROUS |
| PROMOTE | JUSTICE | CALL |
| REJOICING | JOY | VIVACIOUS |
| PURSUE | FRIENDLY | VISITING |
| ILLUMINATE | EXCITEMENT | FAIR |
| REVENUE | FULFILLING | INFLUENCING |

# Puzzle # 60

| | | |
|---|---|---|
| ACHIEVE | CAPACITY | REMARKABLE |
| SYNERGY | HEALTH | VIVACIOUS |
| GUIDE | BELONGING | SUSTAIN |
| ENTERTAIN | INFORMING | GUFFAW |
| FLASHY | CHARM | LISTENING |
| TOP | NURTURE | RESILIENCE |
| OPEN | LOVABLE | INCLUDING |
| MEDITATE | ZESTFUL | FACILITATING |

## Puzzle # 61

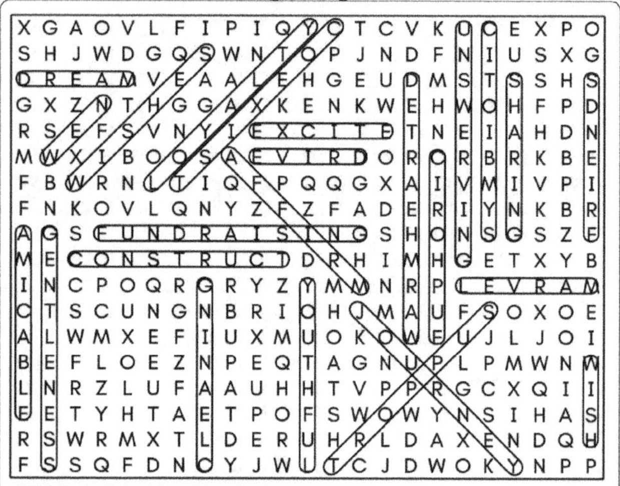

| SUPPORT | FRIENDS | MARVEL |
| --- | --- | --- |
| DREAM | YOUTHFUL | COEXIST |
| EXCITE | CONSTRUCT | LOYALTY |
| AMICABLE | CLEANING | WISHES |
| JOURNEY | AFFIRM | NEW |
| SYMBIOTIC | EUPHORIC | UNSWERVING |
| DRIVE | GENTLENESS | SHARING |
| WISH | WARM-HEARTED | FUNDRAISING |

## Puzzle # 62

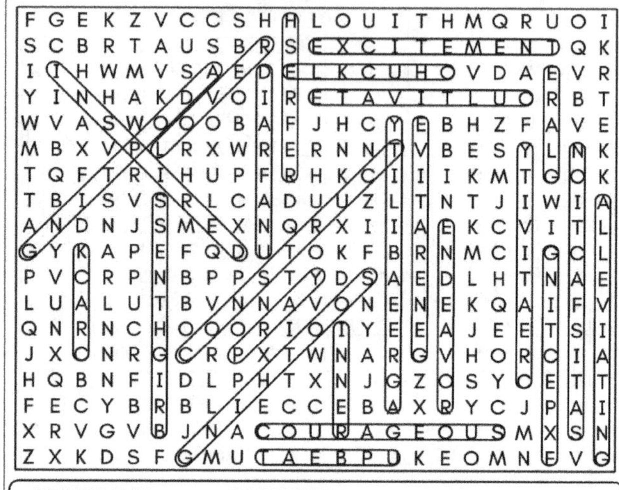

| CREATIVITY | SOOTHING | EXPECTING |
| --- | --- | --- |
| UPBEAT | LOVER | CRACK |
| AGREEABILITY | SATISFACTION | PRAY |
| BRIGHTNESS | ADOPTING | INSPIRED |
| ENDEAVOR | REFRESH | CHUCKLE |
| GENERATIVE | EXCITEMENT | CONSTRUCT |
| UNAFRAID | CULTIVATE | INNER |
| COURAGEOUS | GLARE | ALLEVIATING |

## Puzzle # 63

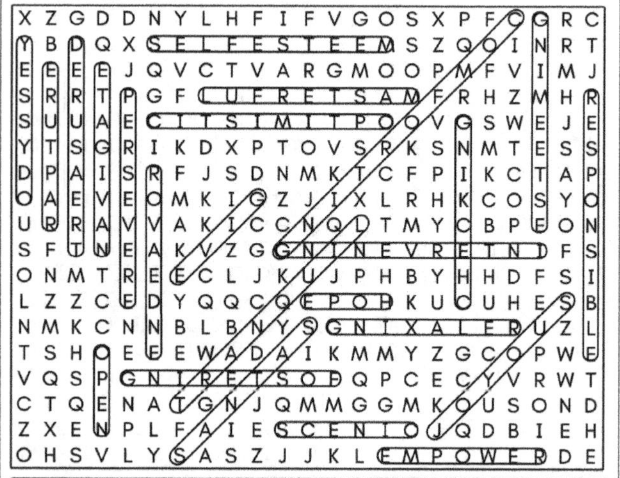

| PERSEVERE | OPTIMISTIC | ESTEEMING |
| --- | --- | --- |
| TRANQUIL | RELAXING | ENDEAVOR |
| TREASURED | SELFESTEEM | GIVE |
| COMFORTING | RESPONSIBLE | NAVIGATE |
| EMPOWER | HOPE | OPEN |
| SCENIC | JOYOUS | FOSTERING |
| MASTERFUL | ODYSSEY | CHECKING |
| SANTAS | RAPTURE | INTERVENING |

## Puzzle # 64

| PEACE | AIMING | STRONG |
| --- | --- | --- |
| RELATE | SKILLED | SHIMMER |
| FESTIVITY | CONFIDENCE | DECIPHERING |
| ESTEEMING | TOLERANT | ADVANCED |
| ASSIST | KINDLIEST | INSPIRING |
| WIN | LEISURE | MENTORING |
| EFFULGENT | PLEASE | FORGIVENESS |
| TRAIL | OPTIMISM | HUGGING |

## Puzzle # 65

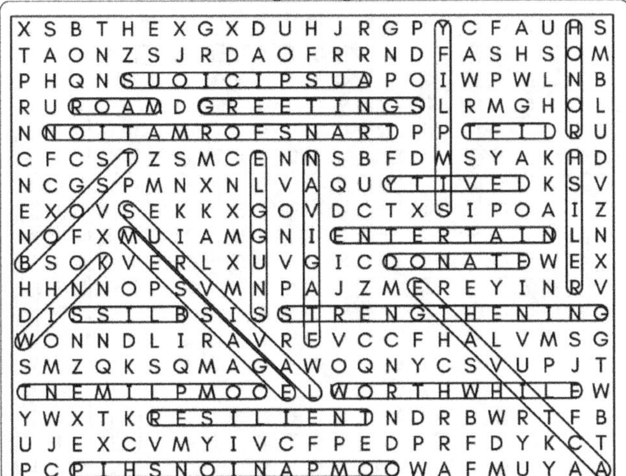

| | | |
|---|---|---|
| BLISS | AUSPICIOUS | LIFT |
| ROAM | TRANSFORMATION | ENTERTAIN |
| RELISH | WINK | MESSAGE |
| COMPLIMENT | SIMPLIFY | NAVIGATE |
| ACTIVATE | HONOR | SURVIVAL |
| RESILIENT | LEVITY | COMPANIONSHIP |
| GREETINGS | BOOST | DONATE |
| SNUGGLE | WORTHWHILE | STRENGTHENING |

## Puzzle # 66

| | | |
|---|---|---|
| CONCILIATE | PRESENTING | HORIZON |
| SPRIGHTLY | WELFARE | ADVENTURER |
| ASPIRE | SHARE | RESTING |
| REFLECT | COLLABORATING | TEACHING |
| VIVID | PLEASURE | ENERGY |
| WISHES | EXCEED | BRAVERY |
| DURABLE | COMMITTED | CONTRIBUTE |
| CAPABLE | GLOAMING | ALLOCATING |

## Puzzle # 67

| | | |
|---|---|---|
| ENERGIZE | EMPOWERING | PLAN |
| SUPPORTING | EXPAND | WAY |
| SKIM | CHANTING | CALL |
| PERSEVERING | ACCOMPANY | OPPORTUNITY |
| GLOSSY | JOLLY | CONSTRUCT |
| CONTINUE | TREASURED | UPLIFTING |
| GREETINGS | ENTHUSIASTIC | CLEANING |
| STILL | OUTWIT | AFFABLE |

## Puzzle # 68

| | | |
|---|---|---|
| BRIGHTEN | PERPETUAL | SUCCESS |
| EMPATHY | SPONTANEOUS | BELIEF |
| RECONCILIATION | REPAIR | VIRTUOUS |
| CREDIT | RESPECTED | SEEDLING |
| AID | GRIN | FURTHER |
| VISIONARY | WANDERLUST | HUMILITY |
| GLAMOROUS | MOBILIZE | ASSISTING |
| START | SPUR | AMENABLE |

# Puzzle # 69

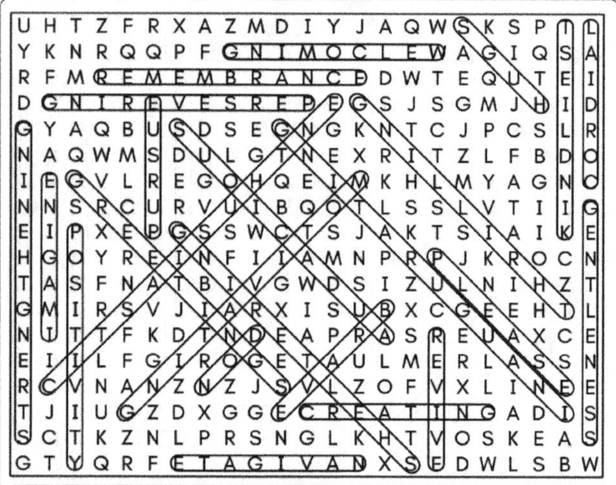

| POSITIVITY | AUDACIOUS | CORDIAL |
| --- | --- | --- |
| GENTLENESS | SHELTERING | IMAGINE |
| ENTHUSIASTIC | INAUGURATING | HUGS |
| PLEASE | CREATING | BRAVE |
| WELCOMING | REVIVE | THRILLING |
| PERSEVERING | KINDLIEST | MOTIVATING |
| GREETINGS | REMEMBRANCE | NOD |
| NAVIGATE | PURSUE | STRENGTHENING |

# Puzzle # 70

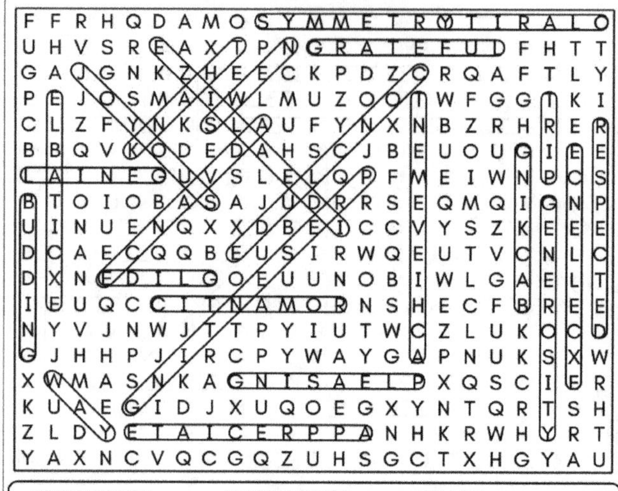

| APPRECIATE | EXCELLENCE | THANK |
| --- | --- | --- |
| CLARITY | IDEALIZE | ROMANTIC |
| JOYOUS | ADVANCE | ACHIEVEMENT |
| GLIDE | RESPECTED | WAY |
| GRATEFUL | GENEROSITY | NEWS |
| BACKING | PLEASING | BUDDING |
| EXCITABLE | TRIP | PRESENTING |
| CONCLUDE | SYMMETRY | GENIAL |

# Puzzle # 71

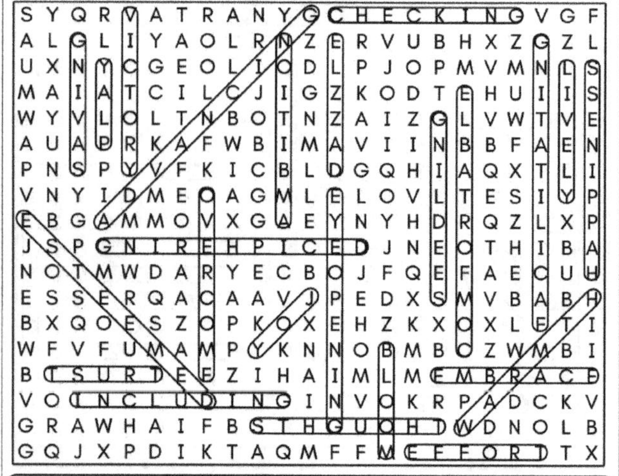

| OVERCOME | BLOOM | AMBITION |
| --- | --- | --- |
| TRUST | EYE-OPENING | EFFORT |
| WARMTH | SAVING | DECIPHERING |
| LIVELY | CHECKING | THOUGHTS |
| ADVANCING | EMBRACE | SEEDLING |
| PLAY | JOY | COMFORTABLE |
| DAZZLE | HAPPINESS | INCLUDING |
| VICTORY | ESTEEMED | FACILITATING |

# Puzzle # 72

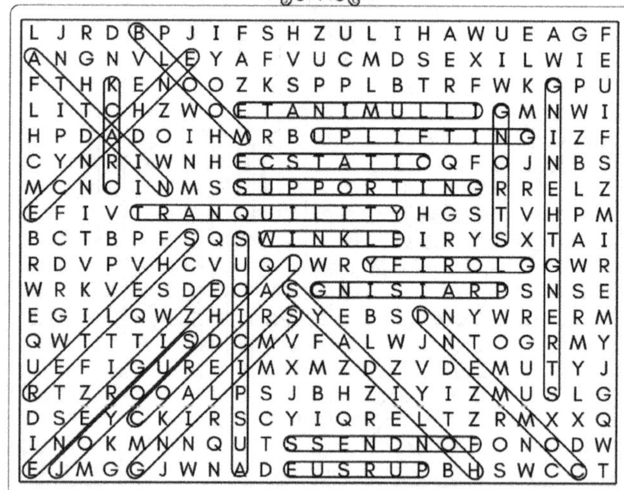

| ENERGIZE | ATTAIN | CORDIAL |
| --- | --- | --- |
| ECSTATIC | BLOOM | STRONG |
| TRANQUILITY | UPLIFTING | WINKLE |
| COMMEND | PRAISING | HOLIDAYS |
| ENHANCE | JOYOUS | AUSPICIOUS |
| FONDNESS | SUPPORTING | SMILING |
| ILLUMINATE | GLORIFY | SHELTER |
| CRACK | PURSUE | STRENGTHENING |

# Puzzle # 73

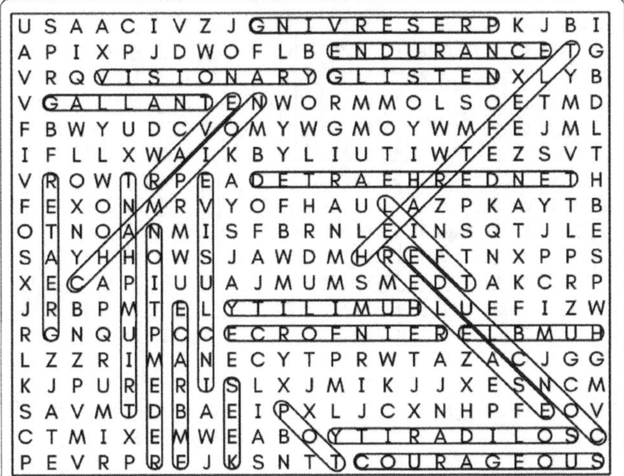

| EMBRACE | GREATER | CONCLUDE |
|---|---|---|
| TRIUMPHANT | SOLIDARITY | RAVE |
| HUMBLE | ENDURANCE | COURAGEOUS |
| CHAMPION | INCLUSIVE | RELEASE |
| GLISTEN | HEARTFELT | HUMILITY |
| TOP | REINFORCE | REDEMPTION |
| SEEK | LIFT | PRESERVING |
| GALLANT | VISIONARY | TENDER-HEARTED |

# Puzzle # 74

| DREAM | INSPIRING | ZEALOUS |
|---|---|---|
| MERRY | YOUTHFUL | INFLUENCE |
| GRACIOUS | COACHING | EXUBERANT |
| NURTURING | BRAVERY | REBUILD |
| BALANCE | ELATE | INSPIRED |
| THANK | FRIENDLY | ADVANCE |
| REACH | GENEROUS | RESILIENCE |
| PROMISE | ESCAPADE | ACCEPT |

# Puzzle # 75

| ENERGIZE | COACHING | UTOPIA |
|---|---|---|
| ENCOURAGING | EMBOLDEN | FAMILY |
| ENLIVEN | CLUE | ROMANTIC |
| PASSION | PRIDE | DESTINATION |
| COMPASSIONATE | AMBITION | COMPLIMENTING |
| IMPROVE | MASTERY | DEAREST |
| ADMIRE | FORGIVENESS | FRUITFUL |
| TRANSFORMATIVE | ENDURE | MESSAGING |

# Puzzle # 76

| PERSEVERE | WHISPER | PURSUE |
|---|---|---|
| EXULT | PLEASANCE | CORDIAL |
| DEVOTION | WELLNESS | SHIMMER |
| WANDERLUST | ACCOMPANYING | BRIGHTER |
| PERSUADE | LOVELY | GUFFAW |
| MENTOR | EXCITE | GIVING |
| HOPEFUL | FANTASIA | SOLIDARITY |
| GLOSSY | GRATIFIED | TENDER-HEARTED |

## Puzzle # 77

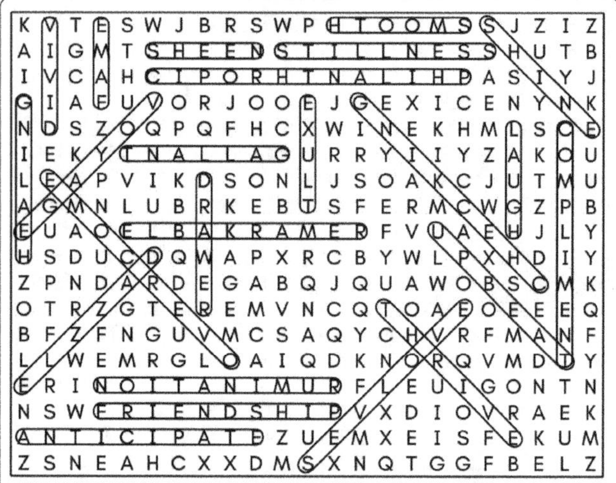

| | | |
|---|---|---|
| OVERCOME | REMARKABLE | STILLNESS |
| SHINE | FAME | REWARD |
| EXULT | PHILANTHROPIC | SHEEN |
| VOYAGE | HEALING | ANTICIPATE |
| SMOOTH | THRIVE | RUMINATION |
| COMPLIMENT | UPBEAT | GALLANT |
| DAZZLE | LAUGH | EVOLVES |
| VIVID | FRIENDSHIP | CHECKING |

## Puzzle # 78

| | | |
|---|---|---|
| PASSION | PATH | EFFORT |
| LAUGHTER | EMPATHIZING | SHEEN |
| BOLSTER | PRIDE | MYSTIFY |
| ESTEEMED | GREET | POWER |
| HELP | TRIP | FOUNDING |
| LUSTRE | SUNSHINE | ENERGY |
| GLOSS | ENDOW | CONNECTION |
| FAME | REVERE | SPECIAL |

## Puzzle # 79

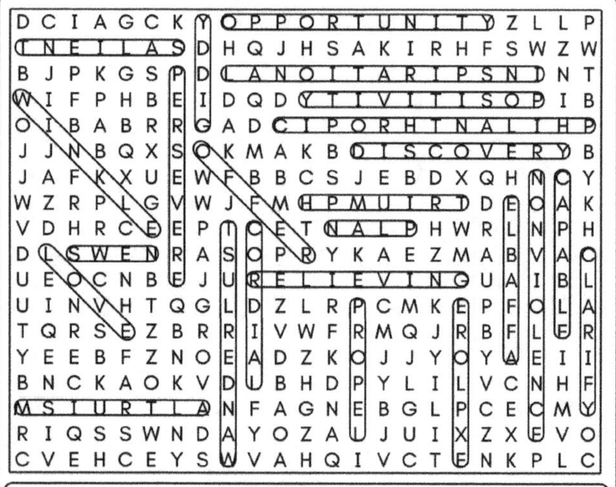

| | | |
|---|---|---|
| POSITIVITY | CLARIFY | CORDIAL |
| PERSEVERE | CAPABLE | PLAN |
| GIDDY | RELIEVING | NEWS |
| EXPLORE | SALIENT | OPPORTUNITY |
| PROPEL | TRIUMPH | PHILANTHROPIC |
| WINKLE | LOVE | NONVIOLENCE |
| DISCOVERY | ALTRUISM | OFFER |
| INSPIRATIONAL | WANDERLUST | AFFABLE |

## Puzzle # 80

| | | |
|---|---|---|
| AMUSE | EVOLVES | RAVE |
| SELFLESS | SHARING | RESPECT |
| DELIGHTFUL | SALVATION | UNCHARTED |
| BRAINY | NOD | MEDITATIVE |
| FORTUNE | GOODWILL | UPWARD |
| ENCOURAGEMENT | PLEASURE | MEANING |
| CONQUEROR | RESILIENT | LAUNCHING |
| SOOTHING | SHEEN | NAVIGATING |